DIE ZEIT

EUROPA
STÄDTE ENTDECKEN
Die besten Adressen vor Ort

In Kooperation mit **MERIAN**

INHALT

DIE ZEIT

EXKLUSIVER REISETIPP

Wo Sie diesen Kasten sehen, finden Sie einen persönlichen und exklusiven Tipp der ZEIT-Redaktion. Im Inhaltsverzeichnis sind die entsprechenden Ziele farblich hervorgehoben.

Im Buch verwendete Symbole

 Hoteltipp    Restauranttipp    Shoppingtipp    Auskunft

📖 Ausflüge in die Umgebung im Band »Ab ins Grüne«

Dublin 01

Von Meer und Bergen eingerahmt, bietet Dublin eine quirlige Kulturszene, urige Pubs, bewegende Geschichte und stilvolle Unterkünfte. Die »Dubs« begegnen Touristen immer mit großer Herzlichkeit.

◄ Im Temple Bar District reiht sich ein Pub an das andere.

4 TRINITY COLLEGE

Die Old Library der 1592 gegründeten Universität birgt deren Schätze wie die 1200 Jahre alte Handschrift des »Book of Kells«, 200 000 Bücher und eine der ältesten irischen Harfen.
College Street • Luas: Abbey Street • www.bookofkells.ie • Mo–Sa 9.30–17, So (Mai–Sept.) 9.30–16.30, So (Okt.–April) 12–16.30 Uhr • Eintritt 11–14 €

5 CHRIST CHURCH CATHEDRAL

Die protestantische Kathedrale ist tief in den Herzen der Dubliner verwurzelt. Auf den Resten einer Kirche der Wikinger wurde sie um 1180 von den Normannen erbaut.
Christ Church Place • Luas: Four Courts • www.christ churchcathedral.ie • März, Okt. Mo–Sa 9–18, So 12.30– 14.30, 16.30–18, April–Sept. Mo–Sa 9–19, So 12.30– 14.30, 16.30–19, Nov.–Feb. Mo–Sa 9–17, So 12.30– 14.30 Uhr • Eintritt 6 €

1 NATIONAL MUSEUM OF IRELAND – ARCHAEOLOGY

Die archäologische Sammlung führt zurück bis 7000 v. Chr.: Highlights sind u. a. der Kelch von Ardagh, die Tara-Brosche und der Schatz von Derrynaflan. Das Gebäude selbst ist ein Schmuckstück und im 19. Jh. nach Plänen von Thomas Newenham Deane erbaut. Die Eingangshalle erinnert an das Pantheon in Rom.
Kildare Street • Luas: St. Stephen's Green • www.museum. ie • Di–Sa 10–17, So 14–17 Uhr • **Eintritt frei**

2 DUBLIN CASTLE

Das heutige Dublin Castle wurde 1204 im Auftrag von King John als Verteidigungswall errichtet, um mit seinen starken Mauern die Stadt zu beschützen. Bis heute erinnert noch die Grundstruktur mit ihren zwei Innenhöfen an die mittelalterliche Trutzburg, es fehlen allerdings die Zugbrücke und die Verteidigungsanlagen. Dublin Castle diente bis zur Unabhängigkeit als Sitz der britischen Staatsmacht. Heute wird das Schloss für Staatsakte, Konzerte oder Kongresse genutzt.
Dame Street • Luas: Jervis • www.dublincastle.ie • Mo– Sa 9.45–16.45, So 12– 16.45 Uhr • Eintritt 6,50 €

3 TEMPLE BAR

Das quirlige, junge Kreativ- und Kulturquartier ist berühmt für seine Pubs. Die Kunst, ein perfektes Pint Guinness zu zapfen, lässt sich gut im Porterhouse und The Stag's Head beobachten, mit ein wenig Glück sogar bei Livemusik.
Luas: Abbey Street • Temple Bar Information Centre, 12 East Essex Street, Mo–Fr 9–17.30 Uhr

6 THE
MARKER HOTEL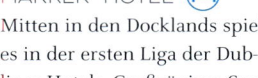
Mitten in den Docklands spielt
es in der ersten Liga der Dubliner Hotels. Großzügiges Spa
und Rooftop-Lounge.
Grand Canal Square, Dock-
lands • www.themarkerhotel
dublin.com • 187 Zimmer

7 BERNARD SHAW
Hippes, recht günstiges Pub,
in dem DJs von Ambient bis
Jazz auflegen. Im Hof steht
ein blauer Doppeldeckerbus,
in dem Pizza und Getränke
serviert werden.
11–12 South Richmond St. •
www.thebernardshaw.com •
Bar: Mo–So 12 bis »late«,
Café: Mo–Sa 7.30–15 Uhr

8 BEWLEY'S
CAFÉ THEATRE
Lust auf Lunchtime-Drama?
Vielleicht ein Stück von Shaw,
während man die Suppe löffelt?

Hier gehen Mittagspause und
Theaterkunst eine perfekte
Einheit ein, ein »Light Lunch«
ist im Eintrittspreis inkludiert.
Im Powerscourt Theatre: South
William St. • www.bewleys
cafetheatre.com • Lunch-
time Shows Mo–Sa 13 Uhr •
Eintritt 8–12 €

9 HATCH & SONS
Im Parterre des Little Museum
of Dublin stehen irische Gerichte mit regionalen Produkten auf der Karte sowie »Craft
Beers« von lokalen Brauereien.
15 Saint Stephens Green •
www.hatchandsons.co • Mo,
Di, Fr 8–17, Mi, Do 8–21, Sa
9–18, So 10–17 Uhr

10 SIXTY6
Die französisch-mediterran
angehauchte Brasserie hat von
Räucherlachs auf Toast bis zu
gefüllter Entenbrust Köstliches
auf der Karte. Doch auch die

große Auswahl an Cocktails ist
nicht zu verachten.
66–67 South Great Georges
St. • www.brasseriesixty6.
com • Mo–Fr 12–22, Sa, So
10–24 Uhr

11 STAG'S HEAD
Das Guinness läuft samtig ins
Glas, ein ruhiger Platz mitten
im Stadtzentrum, dunkles
Holz, über der Bar eine Hirsch-
trophäe mit mächtigem Geweih:
eines der schönsten Pubs
1 Dame Court • www.louis
fitzgerald.com/stagshead •
tgl. 11–0.30 Uhr

12 KILKENNY SHOP
Irische Souvenirs in Hülle und
Fülle – kein Kitsch, sondern
modern interpretiertes Kunsthandwerk und Design.
6–15 Nassau Street • www.
kilkennyshop.com • tgl. ab
8.30 Uhr

(i) DUBLIN DISCOVER
IRELAND CENTRE
➤ 25 Suffolk St. •
St. Andrew's Church • Mo–Sa
9–17.30, So 10.30–15 Uhr
➤ 14 O'Connel Street Upper •
Mo–Sa 9–17 Uhr
➤ Dublin Airport • Terminal 1
und 2, Ankunftshallen •
tgl. 8–19 bzw. 6–19 Uhr
➤ www.visitdublin.com

*Nach rauschenden Pub-
Besuchen der Stadt entfliehen:
Ausflug nach Dún Laoghaire
und Dalkey – Dublins
mediterrane Seite (Band
»Ab ins Grüne« Seite 4).*

Edinburgh 02

Imposant auf einem Lavafelsen gelegen, findet man in Edinburgh den nostalgischen Charme der Vergangenheit, eine Fülle kultureller Angebote und exzellente schottische Küche.

◄ The Scotch Whisky Experience: Hier stehen 4000 Flaschen bereit.

1 CALTON HILL

Der Aussichtsberg Edinburghs sollte den Ruf der Stadt »Athen des Nordens« festigen. 1826 begann der Bau, drei Jahre später wurde er wegen Geldmangels gestoppt. Bis heute ragen die Säulen zusammenhanglos in den Himmel. Das Nelson Monument wurde 1807 in Erinnerung an Admiral Lord Nelsons Sieg bei Trafalgar gebaut. Jeden Tag fällt der Zeitball auf dem Turmdach um 13 Uhr synchron zur »one o'clock«-Kanone an der Burg.
Calton • Bus: Waterloo Place • April–Sept. Mo–Sa 10–19, So 12–17, Okt.–März Mo–Sa 10–16 Uhr • Eintritt 5 £

2 EDINBURGH CASTLE

Auf dem Basaltkegel eines vor 340 Mio. Jahren erloschenen Vulkans wurde im 7. Jh. die imposante Din Eidyn (Gälisch: Burg Eidyns) gebaut, die im 12. Jh. unter König Malcom III. zur Hauptfestung der schottischen Monarchie avancierte.
Castlehill • Bus: Victoria Street • www.edinburghcastle.gov.uk • April–Sept. tgl. 9.30–18, Okt.–März tgl. 9.30–17 Uhr • Eintritt 17 £

3 GRASSMARKET

In dem quirligen Ausgehviertel reihen sich urige Pubs und Restaurants, kleine Boutiquen und ausgefallene Secondhandläden aneinander. Am Abend gibt es oft Livemusik.
Grassmarket • Bus: Gilmours Entry • www.greatergrassmarket.co.uk

4 NATIONAL MUSEUM OF SCOTLAND

Das von den Architekten Benson und Forsyth als moderne Burg entworfene Museum wurde 1998 eingeweiht und erzählt die Geschichte des Landes von der Vorzeit bis ins zweite Jahrtausend mit mehr als 10 000 Schätzen der schottischen Kultur. Allein die Architektur lohnt schon den Besuch und der Blick von der Dachterrasse des Cafés.
Chambers St. • Bus: National Museum • www.nms.ac.uk/national-museum-of-scotland • tgl. 10–17 Uhr • **Eintritt frei**

5 ROYAL BOTANIC GARDEN

Wissenschaftliche Institution, Touristenattraktion und Erholungsraum für Familien und Anwohner zugleich. Er wurde bereits 1670 gegründet, um medizinische Pflanzen zu ziehen, und ist nach Oxford der zweitälteste botanische Garten auf der Insel.
Stockbridge • Bus: Royal Botanic Garden • www.rbge.org.uk • März–Sept. tgl. 10–18, Okt., Feb. tgl. 10–17, Nov.–Jan. tgl. 10–16 Uhr • **Eintritt frei,** Gewächshäuser 5,50 £

DIE ZEIT

ARTHUR'S SEAT
»Welche Stadt kann schon von sich behaupten, über einen eigenen Hausvulkan zu verfügen. Noch dazu hat man von hier den besten Blick über die Stadt: bis Leith und Firth of Forth, North Berwick und die Pentland Hills.«
Nahe Holyrood Palace und Scottish Parliament, Aufstieg ca. 1h

6 PARLIAMENT HOUSE HOTEL

Gegenüber dem alten Parlament könnte die Lage des Traditions-hotels nicht besser sein: abge-schirmt vom Krach der Princes Street und doch zentrumsnah. Ein gelungener Blend der Ar-chitektur des 18. und 19. Jh. mit modernem Komfort.
15 Calton Hill • www. parliamenthouse-hotel.co.uk • 53 Zimmer

7 DUBH PRAIS

Exzellente schottische Küche, der gälische Name spielt auf den »schwarzen Kochtopf« an, in dem die Schotten früher ihre Speisen bereiteten. Auf der Karte brillieren Räucher-lachs, Angus-Filetsteak in Whisky-Senf-Sauce und Lamm.
123b High St./Royal Mile • www.dubhpraisrestaurant.com • Mo–Sa 17–22.30, Fr, Sa, 12–14.30, So 18–21 Uhr

8 HENDERSON'S

Das älteste vegetarische Lokal der Stadt besteht aus einem Delikatessenladen, Bistro, einem veganen Restaurant sowie einer Salatbar. Im Shop & Deli werden inter-national angehauchte Gerichte außerordentlich schmackhaft serviert. Die Zutaten stammen von lokalen Unternehmen und sind überwiegend bio.
94 Hanover St. • www.hender sonsofedinburgh.co.uk • So–Do 8–21, Fr, Sa 9–22 Uhr

9 THE HOLYROOD 9A

Burger in 15 verschiedenen Variationen kann man in diesem gemütlich-trendigen Gastropub essen. Dazu gibt es eine stattliche Auswahl an heimischen und kontinentalen Zapf- und Flaschenbieren.
9a Holyrood Rd. • www. theholyrood.co.uk • tgl. 9–24, Fr, Sa 9–1 Uhr

10 THE SHIP ON THE SHORE

An der Flaniermeile des Hafenviertels The Shore liegt das beste Fischrestaurant der Stadt. Unbedingt probieren: »Seafood Chowder«, eine Suppe mit Fisch, Muscheln, Krabben, Sahne, Kartoffeln und Zwiebeln.
24–26 The Shore • www. theshipontheshore.co.uk • tgl. 9–22 Uhr

11 CADENHEAD'S

Dieser altmodische, etwas angestaubte Whiskyladen hat ein unschlagbares Angebot einmaliger und erstklassiger Whiskys vorzuweisen. Die Firma aus Campbelltown ist der älteste unabhängige Abfüller Schottlands und vertreibt ihre Produkte seit 1842. Die meisten Whiskys sind Einzelfassabfüllungen, »cask-strength«, und preislich angemessen.
172 Canongate • www.wm cadenhead.com • Mo–Sa 10.30–17.30 Uhr

ⓘ VISIT SCOTLAND
➤ 3 Princes St. • Mo–Sa 9–17, So 10–17, Juni, Juli bis 18, Aug. bis 19 Uhr
➤ www.visitscotland.com

Landschaftlich hat Edin-burgh viel zu bieten, z. B. das nahe Meer: Ausflug nach Cramond und River of Almond, in die Wattlandschaft am Firth of Forth (Band »Ab ins Grüne« Seite 6).

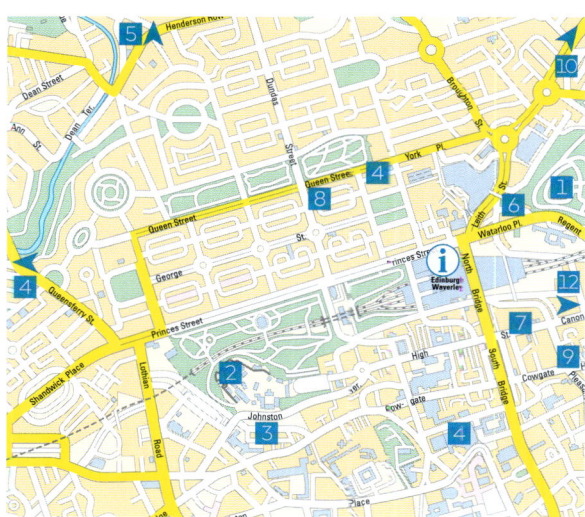

London 03

Als Hauptstadt eines vergangenen Weltreiches und der Finanzströme bietet London eine Vielfalt an Geschichte, Kultur und kulinarischen Genüssen wie kaum eine andere Stadt und setzt dabei immer neue globale Trends.

1 BUCKINGHAM PALACE

Die offizielle »Stadtwohnung mit Büro« der königlichen Familie, 1703 aus dem für den Herzog von Buckingham erbauten Buckingham House entstanden, kann nur im August und September besichtigt werden, wenn die Queen Urlaub macht. Die Wachablösung (11.30 Uhr) zieht täglich viele Besucher an.
Buckingham Palace Road • Tube: St. James's Park • www.royalcollection.org.uk

2 COVENT GARDEN MARKET

Wo man heute zwischen Restaurants und Cafés bummelt, bauten vor etwa 1000 Jahren Nonnen Obst und Gemüse an und gaben der Gegend ihren Namen. Am bekanntesten ist das Royal Opera House.
Covent Garden • Tube: Covent Garden • www.covent garden.london

3 WESTMINSTER ABBEY

Seit fast 950 Jahren ist Westminster Abbey der Ort für königliche Krönungen, Hochzeiten und Beerdigungen. 17 Monarchen gehören zu den 3300 großen Namen der Geschichte, die in der Abtei ihre letzte Ruhestätte fanden oder ein Denkmal bekamen, so wie Isaac Newton, Charles Darwin und – in der »Poets' Corner« – Charles Dickens. Benediktinermönche gründeten 960 hier ihr Kloster, Wilhelm der Eroberer wählte die damals noch unvollendete Westminster Abbey 1066 für seine Krönung. Heinrich VIII. machte sie 1540 zur Kathedrale. Unter Elizabeth I. wurde das Gotteshaus Stiftskirche der Church of England.
Broad Sanctuary • Tube: Westminster • www.westminster abbey.org • Mo–Sa 9.30–15.30, Mi 9.30–18 Uhr • Eintritt 20 £

◀ Im Neal's Yard trifft sich Londons Alternativszene.

4 TATE MODERN

In einem stillgelegten Kraftwerk bietet das Museum seit 2000 weltweit einen der umfangreichsten Schätze zeitgenössischer Kunst.
Bankside • Tube: Southwark • So–Do 10–18, Fr, Sa 10–22 Uhr • **Eintritt frei**

5 TOWER OF LONDON

Die mittelalterliche Trutzburg war, als Wilhelm der Eroberer sie 1078 bauen ließ, lediglich eine Holzkonstruktion. Die Fertigstellung zog sich über Jahrhunderte. Unter Edward I. (1272–1307) erfolgte die Umwandlung von der normannischen Festung zum mittelalterlichen Schloss. Bis James I. den Thron bestieg, war der Tower Wohnsitz der englischen Könige, Schatzkammer, Arsenal und natürlich Gefängnis.
Tower Hill • Tube: Tower Hill • www.hrp.org.uk • März–Okt. Di–Sa 9–16.30, So–Mo 10–16.30, Nov.–Feb. bis 16 Uhr • Eintritt 25 £

DIE ZEIT

CORAM'S FIELDS
»Ein Spielplatz mit Café und Streichelzoo im Herzen Londons: einmalig zum Entspannen mit Kind und um Abstand zum stressigen Stadtabenteuer zu bekommen.«
93 Guilford Street • Tube: Russell Square • www.coramsfields.org • Sommer: 9–20, Winter: 9–17 Uhr

6 ST. JAMES HOTEL

Intimität und Charme des ehemaligen Privatclubs blieben trotz Modernisierung erhalten. Elegant und plüschig ist der Afternoon Tea Room, Kunst aus den 1920er- bis 1930er-Jahren hängt an den Wänden, die mit Kaschmir bezogen sind. Dass man hier wie ein Lord schläft, liegt nicht nur daran, dass das Hotel in einer Sackgasse liegt – die Matratzen sind famos!
7–8 Park Place • www. stjameshotelandclub.com • 60 Zimmer

7 CAFE ROYAL – OSCAR WILDE BAR

Ein Stück alter Londoner Geschichte ist mit dem 1865 entstandenen Grill Room, heute Oscar Wilde Bar, im noblen Cafe Royal verbunden: Oscar Wilde gehörte zu den Stammgästen, Noël Coward und George Bernard Shaw ebenfalls. Heute wie damals ist die Bar mit goldumrahmten Bildern und Spiegeln ausgestattet.
68 Regent St. • www. hotelcaferoyal.com • Mo–So 11–19.30 Uhr

8 NEAL'S YARD

Der kleine Innenhof versteckt sich zwischen Monmouth Street und Shorts Gardens und ist ein Relikt aus Londoner Hippie-Zeiten. Hier findet man Bioläden, alternative Heil- und Schönheitsmittel, aber auch gute Cafés und Restaurants wie das 26 Grains oder Barbary.
Neal's Yard • Mo–Sa 10–20, So 11–18 Uhr

9 NORTHBANK

Gleich neben der Millennium Bridge, mit Blick auf die Tate Modern, kann man hier auf der Terrasse oder an der Bar entspannen. Aus der Küche kommen moderne englische Gerichte aus regionalen Zutaten.
Millennium Bridge, One Paul's Walk • www.northbank-restaurant.com • Mo–Sa 12–23 Uhr

10 THE CINNAMON CLUB

Das schöne Backsteingebäude der Westminster Library aus dem Jahr 1893 wurde 2001 in ein modernes indisches Restaurant mit Bar verwandelt. Bücherborde erinnern an belesene Gelehrte.
30–32 Great Smith St. • www. cinnamonclub.com • Mo–Sa 12–14.45, 18–22.45, So 12–15, 17.30–21 Uhr

11 WATERSTONES

In Europas größtem Buchladen kann auf sechs Stockwerken bis 22 Uhr gestöbert werden. Kenner begeben sich zum Schmökern und für Kaffee oder ein Glas Wein in die 5th View Cocktail Bar.
203–206 Piccadilly • www. waterstones.com • Mo–Sa 9–22, So 12–18.30 Uhr.

(i) VISIT BRITAIN

➤ Auf den Bahnhöfen, z.B. King's Cross, St. Pancras, Euston, Victoria oder in den U-Bahnhöfen Piccadilly Circus und Liverpool Street
➤ www.visitlondon.com

Westlich von London liegt das »englische Versailles« Ausflug nach Windsor und Windsor Castle (Band »Ab ins Grüne« Seite 8).

Südengland 04

Südengland erkunden Sie am besten mit einem Aufenthalt in Canterbury, Brigthon und Bath, kleine Sehenswürdigkeiten entlang der Route sorgen für eine gelungene Abwechslung.

◄ Im George Inn in Alfriston gibt es seit mehr als 600 Jahren Bier.

1 SISSINGHURST

Als Victoria Sackville-West und ihr Ehemann 1930 das Anwesen erwarben, gab es nur einen verwahrlosten Garten. Heute ziehen die Anlagen Liebhaber aus ganz Europa an. Besichtigt werden kann auch das Arbeitszimmer der Schriftstellerin.
Sissinghurst • Bei Cranbrook an der A 229 • www.nationaltrust. org.uk/sissinghurst-castle-garden • Mitte März–Okt. Fr–Di 11–18 Uhr • Eintritt 9–13,50 £

2 CANTERBURY CATHEDRAL

Die berühmteste Kirche Großbritanniens. Ab 1070 errichtete man auf den Ruinen der von Augustinus gebauten und durch einen Brand zerstörten Christ Church den Bau. In der Trinity Chapel befand sich bis zur Zerstörung durch Heinrich VIII. der vergoldete Schrein des Erzbischofs.

Canterbury • 11 The Precincts • www.canterbury-cathedral.org • Winter Mo–Sa 9–17, Sommer 9–17.30, So 12.30–14.30 Uhr • Eintritt 12,50 £

3 ALFRISTON

Das typisch englische Dorf liegt zwischen sanften Hügeln am Fluss Cuckmere. Die Kirche aus dem Jahr 1350 ist im Perpendicular-Stil errichtet und lohnt mit ihrem Fachwerk und dem original Kalksteinfußboden eine Besichtigung.
Alfriston • 30 km östlich von Brighton • www.alfriston-village.co.uk

4 BRIGHTON PIER

Den Reiz Brightons bilden nicht nur die im 19. Jh. errichteten Plätze und Arkaden im Regency-Stil und die prachtvollen Villen, sondern auch das pulsierende Leben in den verwinkelten Gassen

des einstigen Fischerviertels The Lanes. Der 1899 gebaute Landungssteg lädt auf einer Länge von über 500 m zum Flanieren ein. Ein mit Zwiebeltürmchen überdachtes Gebäude beherbergt Cafés und Boutiquen.
Brighton • Madeira Drive • www.brightonpier.co.uk • tgl. 10–21 Uhr

5 BATH

Die Altstadt von Bath, dem nobelsten Bad Englands, zählt mit mehr als 4000 historischen Bauten zum UNESCO-Welterbe. Seit mehr als zwei Jahrtausenden sprudeln die Roman Baths täglich viele Millionen Liter heißes Wasser aus der Erde – die einzigen heißen Quellen Englands. Jane Austen, die berühmteste Literatin der Stadt, sammelte hier den Stoff für ihre Gesellschaftsromane.
Bath • Stadtrundfahrt ab Bath Abbey, 50 Min. Fahrtzeit: www. city-sightseeing.com, Tickets: 14 £ • www.visitbath.co.uk

SUN HOTEL

Hier wohnte schon Charles Dickens, der das Tudor-Gasthaus anschließend als »Little Inn« beschrieb. Zentrale Lage, moderner Komfort, antik möbliert mit Bleiglasfenstern und luxuriösen Badezimmern.
Canterbury • 7–8 Sun Street • www.sunhotel-canterbury.co.uk • 7 Zimmer

6 MY BRIGHTON 🛏

Modernstes Design, spirituelle Akzente und Hightech-Ausstattung. Übernachtungstipp: die Carousel Suite mit Kristall-Himmelbett und 300 Jahre altem spanischem Karussellpferd. Nahe Brighton Pier.
Brighton • 17 Jubilee Street • www.myhotels.com • 80 Zimmer

7 ENGLISH'S OYSTER BAR 🍽

Eines der ältesten und bekanntesten Lokale in Brighton. Die Adresse für Liebhaber von Fisch und Meeresfrüchten.
Brighton • 29–31 East Street, The Square • www.englishs.co.uk. • tgl. 12–22 Uhr

8 THE GEORGE INN 🍽

Das gemütliche Pub ist auch bei Einheimischen sehr beliebt, vor allem am Wochenende. Kein Wunder: Es existiert bereits seit 1397. Das gute Essen und die freundliche Bedienung tun ihr Übriges zu einem angenehmen Restaurantbesuch.
Alfriston • High St. • www.thegeorge-alfriston.com • Mo–Do 11–23, Fr/Sa 11–24, So 12–23 Uhr

9 THE GOODS SHED 🍽

Beste Lebensmittel und eine super Atmosphäre machen den Einkauf zum Erlebnis: Der »daily farmers market« in dem historischen Bahnhof wird von kleinen lokalen Betrieben und Höfen beliefert. Im Restaurant mit Blick auf den Markt lassen sich die Köstlichkeiten probieren.
Canterbury • Station Road West • www.thegoodsshed.co.uk • Di–Fr 8–23, Sa 9–23, So 9.30–16 Uhr, das Restaurant ist nicht durchgehend geöffnet

10 THE KINGS ARMS 🍽

Heimeliges ländliches Pub in einer ehemaligen Poststation. Die Zutaten für die herzhaften saisonalen Gerichte kommen von lokalen Bauern.
Maidstone • The Street, Boxley • www.thekingsarms maidstone.co.uk • Mo–Sa 12–23, So 12–22.30 Uhr

11 TINY TIM'S TEAROOM 🍽

400 Jahre alter English Tearoom in vier von Kronleuchtern erhellten Teeräumen.
Canterbury • 34 St Margaret's Street • www.tinytimstearoom.com • Mo–Sa 9.30–17, So 10.30–16 Uhr

12 CANTERBURY POTTERY 🛍

Richard Chapman dekoriert hier handgemachte »pots« mit Motiven aus Kents Landschaft und Geschichte.
Canterbury • 38a Burgate • www.canterburypottery.com • Mo–Fr 10–18, Sa 9.30–18 Uhr

ⓘ AUSKUNFT
➤ Visit Brighton • Town Hall
➤ www.visitbrighton.com
➤ Visit Canterbury • 18 The High Street • Mo–Mi, Fr 9–18, Do 9–20, Sa 9–17, So 10–17 Uhr
➤ www.canterbury.co.uk
➤ www.visitbritaindirect.com

📖 *Die Küste Südenglands ist atemberaubend – besonders viel davon hat man auf der Isle of Wight (Band »Ab ins Grüne« Seite 10).*

Brüssel 05

Als Hauptstadt Belgiens und der EU gehen in Brüssel Tradition und europäisches Flair eine spannende Mischung ein. Und auch an Sehenswürdigkeiten und abwechslungsreichen Gaumenfreuden mangelt es nicht.

◀ Bummel auf dem Markt des neuen Szeneviertels Saint-Gilles.

berg« verbindet die Place de l'Albertine mit der Place Royale. An der gewaltigen Freitreppe aufgereiht, erheben sich Nationalbibliothek, Palais Charles de Lorraine, Museum für Alte Kunst und Musée Magritte. U-Bahn: Gare Centrale • www. kunstberg.com

5 PARLEMENT EUROPÉEN

Die futuristische Fußgängerbrücke an der Place du Luxembourg bringt Tag für Tag Tausende von Abgeordneten, Lobbyisten, Eurokraten und Besucher hinein in das glasverkleidete Doppel-Oval des Europäischen Parlaments. »Größenwahnsinniges Ufo« und »Doppelter Camembert« sind nur einige Koseworte für das ehrgeizige architektonische Projekt. Führungen sind nach Voranmeldung möglich. Place du Luxembourg 100 • U-Bahn: Brüssel Luxembourg • www.europarl.europa. eu • **Eintritt frei**

1 ATOMIUM

Der 102 m hohe Koloss stellt als Symbol für das Atomzeitalter die 165-milliardenfache Vergrößerung eines Eisenkristallmoleküls dar. Auf der oberen Kugel befindet sich eine Aussichtsplattform mit Panoramablick. Avenue de l'Atomium • U-Bahn: Heysel • www.atomium.be • tgl. 10–18, Sommer 10–20 Uhr • Eintritt 15 €

2 BELGISCHES COMIC-ZENTRUM

Eine Zeitreise von den ersten Höhlenmalereien bis zu Mangas des 19. Jh., alles zur Comic-Produktion und wechselnde Ausstellungen zu belgischen Stars, etwa Hergé, der Figuren wie Tim & Struppi erschuf. 20, Rue des Sables • U-Bahn: De Brouckère • www.cbbd.be • tgl. 10–18 Uhr • Eintritt 10 € • Bibliothek: Di–Sa 10–18 Uhr • Eintritt 1,50 €

3 GRAND-PLACE

Geschaffen wurde der Platz, der zum UNESCO-Weltkulturerbe zählt, Ende des 10. Jh., als man die sumpfigen Wiesen der Senne trockenlegte. Brüssel entwickelte sich zur Handelsstadt, sodass nach dem Bau des Rathauses im Jahr 1402 Zunft- und Gildehäuser den Platz einrahmten. Ein kurzer Spaziergang über die Rue Charles Buls, die Karel Bulsstraat und Rue de l'Etuve führt zu einem kleinen Männlein mit Weltruhm: Das **Manneken Pis** soll die Respektlosigkeit der Brüsseler symbolisieren und wird zu aktuellen Anlässen neu eingekleidet. U-Bahn: Bourse

4 MONT DES ARTS

Ein ganzer der Kunst und Kultur gewidmeter Stadtteil ist in den letzten Jahren zwischen Ober- und Unterstadt am Sennehang entstanden. Der »Kunst-

---

THÉÂTRE TOONE

Ein winziges Marionettentheater im ersten Stock eines Hauses aus dem 17. Jh. mitten in der City. Seit 1830 spielt man Klassiker auf Französisch, Englisch und Deutsch, am beliebtesten aber sind die traditionellen Schwänke in Brüsseler Dialekt. Rue du Marché aux Herbes 66 • U-Bahn: Bourse • www.toone.be

6 ATLAS

Zwei renovierte alte, schöne Häuser, die nur wenige Minuten vom alten Fischmarkt und der Innenstadt entfernt liegen. Die großzügigen und hellen Zimmer sind teilweise mit einer Kochnische ausgestattet. Für die Anreise mit dem Autor gibt's eine Garage.
30, Rue du Vieux Marché aux Grains • www.atlas-hotel.be • 88 Zimmer

7 THE HOTEL

Auf den 27 Etagen finden anspruchsvolle Reisende nicht nur elegant-moderne Zimmer, sondern auch einen großen Spa-Bereich mit tollem Blick, moderne Arbeitsecken, einen perfekten Service sowie über das Wochenende erstaunlich günstige Arrangements.
38, Bd. de Waterloo • www.thehotel-brussels.be • 421 Zimmer und Suiten

8 AUX ARMES DE BRUXELLES

Eines der wenigen Restaurants, die man im Trubel der Fressgassen empfehlen kann. Immer einen Versuch wert ist die typisch flämische »Waterzooi«.
13, Rue des Bouchers • www.auxarmesdebruxelles.be • Mo–Fr 12–22.45, Sa 12–23.15, So 12–22.30 Uhr

9 DEN TEEPOT

Der gut sortierte Bioladen serviert mittags im ersten Stock Gerichte mit fernöstlichem Touch aus der vegan-makrobiotischen Küche.
66, Rue des Chartreux • Laden Mo–Sa 8.30–19 Uhr, Restaurant Mo–Sa 12–14 Uhr

10 LES TARTES DE FRANÇOISE

Wenn ein Zuckerbäcker ein Geheimtipp sein kann, versteckt er seinen Laden in einem Hinterzimmer am Rande des Quartiers Ixelles, wo einen der Duft frischer Apfeltartes, Macarons und Käsequiches durch einen Durchgang in das süße Schlaraffenland führt.
75, Av. de l'Hippodroom • www.tartes.be • Mo–Sa 9–18, So 9–16 Uhr

11 SCHELTEMA

Mitten im Schlemmerviertel und nie überfüllt. Dabei gibt es eine überdurchschnittliche Küche zu sehr fairen Preisen.
7, Rue des Dominicains • www.scheltema.be • Mo–Sa 12–14.30, 18.30–23.30 Uhr

12 MANUFACTURE BELGE DES DENTELLES

Seit dem Jahr 1810 zieren die traditionellen Klöppelspitzen verschiedene Taschentücher, Krägen und Schleier. All diese Produkte man kann hier auch käuflich erwerben.
6–8, Galerie de la Reine • U-Bahn: Bourse

(i) BRÜSSEL INTERNATIONAL TOURISMUS UND KONGRESS (TIB)
➤ Grand-Place • Hôtel de Ville/Stadhuis • tgl. 9–18 im Winter 10–14 Uhr, Dez.–März So geschl.
➤ www.brusselsinternational.be

📖 *Auch das Brüsseler Umland lädt zu der ein oder anderen Spritztour ein: Ausflug vom Wasserschloss zum Wallfahrtsort (Band »Ab ins Grüne« Seite 12).*

Antwerpen 06

Alte Gildehäuser, gotische Kathedralen mit Werken von Rubens oder prächtige Jugendstilhäuser – in Antwerpen gibt es neben unzähligen angesagten Bars und Restaurants viel Kultur zu entdecken.

◄ Im 't Zilte verwöhnt Sternekoch Viki Geunes seine Gäste.

1 GROTE MARKT

Das breite Stadhuis und prachtvolle Gildehäuser zeugen vom Ruhm des Goldenen Zeitalters, das die Scheldestadt im 16. Jh. erlebte. Vor dem Rathaus steht der Brabobrunnen von 1887.
U-Bahn: Groenplaats

2 MUSEUM AAN DE STROOM (MAS)

Das MAS erzählt die Geschichte der Stadt und des Hafens und beherbergt städtische Sammlungen. Zehn Ausstellungssäle sind wie gigantische Koffer übereinandergestapelt – jeder mit Blick über die Stadt.
Hanzestedenplaats 1 • Bus: Rijnkaai/Sint-Pietersvliet, Straßenbahn: Sint-Pietersvliet • www.mas.be • Museum April–Okt. Di–Fr 10–17, Sa, So 10–18, Nov.–März Di–So 10–17 Uhr, MAS-Boulevard April–Okt. Di–So 9.30–24, Nov.–März 9.30–22 Uhr • Eintritt: 10 €

3 ONZE-LIEVE-VROUWE-KATHEDRAAL

Die größte gotische Kirche der Beneluxländer wurde 1521 vollendet, nach einer Bauzeit von 170 Jahren. Ihr filigraner, 123 m hoher Noordertoren, der Nordturm, ist das Wahrzeichen der Stadt und fast überall sichtbar. Innen ist die Kathedrale mit hochkarätigen Kunstwerken ausgestattet, darunter Gemälde von Rubens und Michelangelo.
Groenplaats 21 • Straßenbahn/U-Bahn: Groenplaats • www.dekathedraal.be • Mo–Fr 10–17, Sa 10–15, So 13–16 Uhr • Eintritt 6 €

4 RUBENSHUIS

Ein Patrizierhaus mit Ateliergebäude, das der berühmte Malerfürst bis zu seinem Tod 1640 bewohnte. Das Wohnhaus ist im flämischen Stil gehalten und immer noch originalgetreu eingerichtet. Viele Gemälde hingen bereits zu Rubens' Zeiten an den Wänden und gehörten zu seiner Privatsammlung. Das rechts danebenliegende Atelier hingegen erinnert mit seinem weißen Sandstein und den Rundbogenfenstern an einen italienischen Palazzo.
Wapper 9–11 • Straßenbahn/U-Bahn: Groenplaats • www.rubenshuis.be • Di–So 10–17 Uhr • Eintritt: 8 €

5 HET STEEN

Die an der Schelde gelegene Burg ist das älteste Gebäude Antwerpens. Sie wurde 836 von den Normannen zerstört, im 13. Jh. wiederaufgebaut und um 1520 von Karl V. umgebaut. Bis 1823 diente Het Steen (Deutsch: der Stein) als Gefängnis. Beim Anlegen der Kaimauern für den Hafen im 19. Jh. wurde das Steen als einziges historisches Bauwerk am Wasser verschont und nicht abgerissen.
Steenplein 1 • Straßenbahn: Klapdorp/Groenplaats

DIE ZEIT

ELFDE GEBOD

»Ein dunkles Leffe (ein belgisches Trapistenbier) ist in dieser Kneipe ein Muss, wenn man die Stadt besucht. In der urigen Atmosphäre umgeben von Tausenden Heiligenfiguren schmeckt es besonders gut.«
Torfbrug 10 • Straßenbahn/Bus: Melkmarkt • www.11gebod.com

6 BOETIEK HOTEL JULIEN

Mitten in der Altstadt, in drei historischen Häusern gelegen und um einen grünen Patio herum. Die Dachterrasse bietet unvergleichliche Aussicht, die Zimmer klassisches Design mit allem Komfort.

Korte Nieuwstraat 24 • www. hotel-julien.com • 22 Zimmer

7 AAHAAR

Indisches Restaurant mit fantastischem Büfett und ausschließlich vegetarischen Gerichten. Hierher kommen auch viele indische Gäste, die das köstliche und preiswerte Essen ebenfalls zu schätzen wissen. Das Lokal ist nur ein paar Minuten vom Hauptbahnhof entfernt.

Lange Herentalsestraat 23 • www.aahaar.com • Mo–Fr 12–15, 17.30–21.30, Sa, So 13–21.30 Uhr

9 DE GROOTE WITTE AREND

Restaurant und Brasserie mit malerischer Terrasse im romantischen Innenhof eines Patrizierhauses. An sonnigen Nachmittagen lässt es sich hier bei klassischer Musik gut aushalten. Ganz zu schweigen von den mehr als 80 Sorten Bier!

Reyndersstraat 18 • www. degrotewittearend.be • Di–Do, So 11.30–21, Fr, Sa 11.30–22 Uhr

10 IMPÉRIAL

Luxusbrasserie im königlichen Palast am Meir, der einst Napoleon gehörte und anschließend vom belgischen König als Gästehaus genutzt wurde. »High tea« bei dezenter Musik oder ausgedehntes Lunchen und Abendessen, bei schönem Wetter auch im großen Innenhof.

Meir 50 • www.cafe-imperial. be • tgl. 9–19 Uhr

11 MOJO VISBISTRO

Insidertipp und beliebter Einheimischentreff für Fisch- und Meeresfrüchteliebhaber, lecker und bezahlbar. Etwas abgelegen in der Südstadt. An jedem Donnerstag ist hier Paella-Abend.

Kasteelpleinstraat 54–56 • www.visbistro-mojo.be • Di–Fr 12–14 und 18–22, Sa 18–23, So 18–21 Uhr

12 'T ZILTE

Der Gourmet-Tempel des Zwei-Sterne-Kochs Viki Geunes liegt auf dem Dach des MAS und bietet einen grandiosen Blick von der Terrasse.

Hanzestedenplaats 1 • www. tzilte.be • Mo 19–21, Di–Fr 12–14, 19–21 Uhr

13 PATISSERIE LINTS

In der ganzen Stadt ein Begriff für Brote und süße Köstlichkeiten. Es gibt auch Frühstück und Lunch.

Mechelseplein 68 • www.lints. be • Di–Fr 6.45–18.15, Sa 6.45–17, So 6.45–14.30 Uhr

(i) TOERISME ANTWERPEN

➤ Grote Markt 13–15
➤ Astridplein 1 • Straßenbahn: Hauptbahnhof
➤ www.visitantwerpen.be

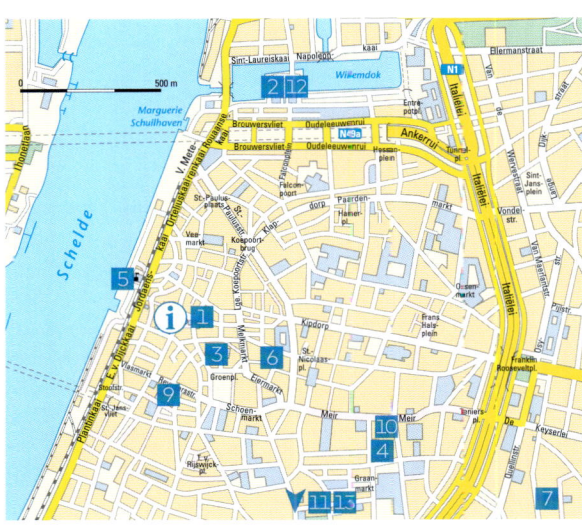

Das Stadtbild hat sich hier seit dem späten Mittelalter kaum verändert: ein Ausflug nach Brügge – auf Zeitreise in die Vergangenheit (Band »Ab ins Grüne« Seite 14).

Amsterdam 07

Amsterdam mag eine kleine Weltstadt sein, doch sie ist auch die weltgrößte Pfahlsiedlung. Die alten Viertel, verträumten Grachten und stillen Plätze entdeckt man am besten bei einem Spaziergang.

1 GRACHTEN

Singel-, Prinsen-, Heren- und Keizersgracht sind die Hauptgrachten, die sich wie ein Gürtel um das Zentrum winden. Dazwischen bilden kleinere Grachten ein romantisches Netz von Wasserstraßen. Der Grachtengürtel gehört zum Welterbe der UNESCO. 165 Grachten hat die Stadt heute, 90 Inseln und 1300 Brücken – weit mehr als Venedig.
Rundfahrt z.B. Rokin gegenüber Nr. 125 • S-Bahn: Spui • www.rederijkooij.nl • tgl. 10–22, Nov.–März bis 17 Uhr • ab 10,50 €

2 DE WALLEN

Ein Spaziergang durch das berüchtigte Rotlichtviertel kann skurril anmuten. In den Straßenzügen, die zu den schönsten und ältesten der Stadt gehören, treffen Sextouristen auf Anwohner und Touristen. Mariska Majoor gründete 1994 ein Informationszentrum für Prostitution (PIC). Hier können Führungen gebucht werden (15 €).
»PIC« • Enge Kerksteeg 3 • U-Bahn: Nieuwmarkt • www.pic-amsterdam.com • Mi–Sa 12–17, Sa bis 19 Uhr

3 ANNE FRANK HUIS

Weltweit ein Symbol gegen Rassismus: Hier war Anne Frank bis 1944 vor den Deutschen versteckt und schrieb ihr weltberühmtes Tagebuch. Hinter einem Regal war die Stiege zum Versteck verborgen. Oben im engen Kämmerchen wird jeder still.
Prinsengracht 263–267 • S-Bahn: Westermarkt • www.annefrank.org • April–Okt. tgl. 9–22, Nov.–März tgl. 9–19, Sa bis 21 Uhr • Eintritt 9 €

4 JORDAAN

Für diese Amsterdamer Attraktion wird kein Eintritt verlangt. Das vielfach besungene Kleine-

◄ Die Cafés im Ausgehviertel Jordaan sind stets gut besucht.

Leute-Viertel ist fast schon eine Stadt an sich. Die engen Gassen, Vorgärtchen und hutzeligen Häuschen haben sich viel von ihrem alten Charme bewahrt.
S-Bahn: Marnixplein oder Westerkerk

5 RIJKSMUSEUM

Ein passender Rahmen für die holländischen Meister aus dem Goldenen Zeitalter: Rembrandt, Jan Steen, Vermeer. Durch die verglaste Eingangshalle steigt man empor zur Ehrengalerie. An deren Ende strahlt vor mitternachtsblauer Wand das Juwel: »Die Nachtwache«. Die Schatzkammer der Niederlande zeigt Porzellan, Möbel, Schmuck und Kunstwerke vom Mittelalter bis zur Neuzeit. Nur 5 Gehminuten entfernt sind in der Museumsplain 6 im **Van Gogh Museum** mehr als 200 Werke des Künstlers zu sehen.
Museumstraat 1 • S-Bahn: Rijksmuseum • www.rijksmuseum.nl • tgl. 9–17 Uhr • Eintritt 17,50 €

6 WALDORF ASTORIA

Klassisch edel mal zwei: Die US-Luxusmarke hat sich sechs nebeneinanderliegende Patrizierhäuser an der Herengracht gesichert und sie in gebotener Opulenz neu aufgemacht. Zwischen jahrhundertealten Stuckdecken und Marmorböden stehen schwere Möbel mit gediegenem Schwung. Unter der Beletage hat ein Ableger des berühmten Gourmetrestaurants Librije aus Zwolle eröffnet.
Herengracht 542–556 • www.waldorfastoria3.hilton.com • 93 Zimmer

7 DE SILVEREN SPIEGEL

Allein das prächtige Doppelhaus aus dem Goldenen Jahrhundert rechtfertigt schon einen Besuch. Die Küche ist auf zeitgemäße holländische Gerichte spezialisiert.

Kattengat 4–6 • www.de silverenspiegel.com • Mo–Sa 18–22 Uhr

8 MOEDERS

Gemütlich, lecker und leicht chaotisch: Bei Moeders isst man wie bei Muttern. »Stamppot« und Fleischklops. Fast jeder setzt sich dazu, vom Hausfrauenclub bis zu Managern. Und Hunderte von Müttern schauen wohlwollend von Fotos an den Wänden zu.
Rozengracht 251 • www.moeders.com • Mo–Fr 17–24, Sa, So 12–24 Uhr

9 RESTAURANT AMSTERDAM

Früher ein Pumpwerk, heute ein Restaurant, in dem noch allerlei Relikte aus dem Zeitalter der Industrialisierung stehen. Die Küche konzentriert sich auf simple Gerichte: Muscheln, Austern oder Kartoffelpuffer.

Watertorenplein 6 • www.cafe restaurantamsterdam.nl • tgl. 10.30–24, Fr, Sa bis 1 Uhr

10 RESTAURANT JOHANNES

Chefkoch Tommy den Hartog beglückt seine Gäste mit koketten Eigenkompositionen wie Graved Lachs mit Tsatziki und Avocado. Zur Auswahl steht im gediegenen Rahmen eines Grachtenhauses ein Menü mit vier bis sechs Gängen und optionaler Weinbegleitung
Herengracht 413 • www.restaurantjohannes.nl • tgl. 18–22 Uhr

11 KAASLAND

Ob jung, alt, groß oder klein, mit Kreuzkümmel oder Sambal: Hier wird das holländische Grundnahrungsmittel in allen Erscheinungsformen verkauft. Probieren erlaubt.
Haarlemmerdijk 1 • www.kaasland.eu • Mo, Do, Fr 8–20, Di, Mi 8–18.30, Sa 8–18, So 9–19 Uhr

(i) VVV AMSTERDAM
➤ Stationsplein 10 • U-Bahn: Centraal • Mo–So 9–18 Uhr
➤ Ankunftshalle 2, Schiphol Plaza, am Flughafen • tgl. 7–22 Uhr
➤ www.iamsterdam.com

Von Amsterdam ist es nicht weit zur Nordsee: Ausflug in die Dünenlandschaft des Nationalparks Zuid-Kennemerland (Band »Ab ins Grüne« Seite 16).

Oslo 08

Oslo als jüngste Hauptstadt Europas ist neugierig, offen und modern, was sich auch kulinarisch widerspiegelt. Doch bei aller Modernität ist Oslo noch immer die Stadt der Wälder, Seen und grünen Inseln.

◄ Kaffee, Cocktails, Retromöbel: Das Fuglen ist vielseitig.

4 NASJONALGALLERIET

Norwegische Kunst seit Mitte des 19. Jh.: »Brudeferd i Hardanger« von Adolph Tidemand und Hans Gude, »Fra Stalheim« von J. C. Dahl oder eine Version von Edvard Munchs »Schrei«. Die Galerie wurde mit Museet for samtidskunst, Kunstindustrimuseet und dem Nasjonalmuseet – Arkitektur vereint.

Universitetsgata 13 • Straßenbahn: Tullinløkka • www.nasjonalmuseet.no • Di, Mi, Fr 10–18, Do 10–19, Sa, So 11–17 Uhr • Eintritt 100 NOK; Eintrittskarte gilt für alle Museen des Hauses

1 AKERSHUS

Die erste Festung auf der Landzunge im Oslofjord stammt aus dem späten 13. Jh., ihr heutiges Aussehen bekam sie im 16. Jh., als unter König Christian IV. die Burg zu einem Renaissanceschloss umgebaut wurde. An die deutsche Besatzung erinnert das Heimatfrontmuseum.

Akershus festning • Straßenbahn: Christiania torv • www.akershusfestning.no • Festung: tgl. 6–21 Uhr • **Eintritt frei** • Besuchszentrum: Mai–Aug. Mo–Fr 10–17, Sa, So 11–17, Sept.–April Mo–Fr 10–16, Sa, So 11–17 Uhr • **Eintritt frei** • Schloss: Mai–Aug. Mo–Sa 10–16, So 12–16, Sept.–April Sa, So 12–17 Uhr • Eintritt 70 NOK, Kinder 30 NOK

2 DAS KÖNIGLICHE SCHLOSS

Seit 1905 residieren in dem klassizistischen Bau die norwegischen Könige. Die Wachablösung findet jeden Tag zwischen 13.30 und 14 Uhr statt.

Henrik Ibsens gate 1 • U-Bahn: Nationaltheatret • www.kongehuset.no • Führungen Mitte Juni–Mitte Aug. Sa–Do 11–17 Uhr • Tickets bei Narvesen, 7-Eleven und am Eingang • Eintritt 95 NOK

3 INSELN IM OSLOFJORD

Neun Inseln liegen im Inneren Oslofjord. Per Boot gelangt man nach Hovedøya, Lindøya, Nakholmen, Gressholmen, Bleikøya sowie zur Doppelinsel Langøyene. Auf allen kann man schön spazieren gehen.

Abfahrt Rådhusbrygge 4 • Fähre 92: Hovedøya, Lindøya, Nakholmen; Fähre 93: Hovedøya, Bleikøya, Gressholmen, Lindøya; Fähre 94: Langøyene (Juni–Aug.) • www.oslooyene.no • Øybillett (Inselticket) für 45 NOK, Kinder 23 NOK

5 OPERAHUSET

Das Gebäude erinnert mit dem schräg geneigten Dach an einen Eisberg, von der Plattform dort oben hat man einen schönen Blick über die Stadt.

Kirsten Flagstads plass 1 • T-bane: Jernbanetorget • www.operaen.no • Führungen auf Englisch Mo, Mi, Fr, So 13, Sa 12 Uhr • Ticket 100 NOK, Kinder 60 NOK

DIE ZEIT

SPAZIERGANG DURCHS AKER BRYGGE

»Bei schönem Wetter sollte man einen Spaziergang durch das Viertel Aker Brygge machen und danach durch den Hafen zum Opernhaus schlendern. Was für eine irre Konstruktion und was für ein Spiel aus Licht und Schatten!«
Straßenbahn: Aker Brygge

6 GRAND HOTEL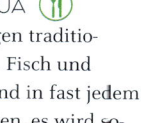

Das 1874 erbaute Hotel liegt im Herzen von Oslo. Viele Sehenswürdigkeiten der Stadt sind bequem zu Fuß zu erreichen. Das Grand Café, in dem das Frühstück serviert wird, war Stammlokal von Henrik Ibsen. Es heißt, er habe sich jeden Mittag Schlag zwölf an den für ihn reservierten Tisch begeben. Besucher können hier Friedensnobelpreismenüs buchen.
Karl Johans gate 31 • www.grand.no • 283 Zimmer

7 ARAKATAKA

Nordische Haute Cuisine, die dennoch erschwinglich ist. Auf der Karte steht eine Reihe kleinerer Gerichte, die man beliebig kombinieren kann – drei sollten es aber sein, damit man satt wird.
Mariboes gate 7 • www.arakataka.no • Mo–Sa 16–0.30, So 16–21 Uhr

8 DØGNVILL BAR & BURGER

Hier grillt man Burger aus exzellenten Zutaten und in ausgefallenen Varianten auf sehr hohem Niveau. Das wirklich Besondere sind aber die erstklassigen Milkshakes – mit und ohne Alkohol.
Vulkan 12 • www.dognvillburger.no • So, Mo 12–23, Di–Sa 12–0 Uhr

9 FUGLEN

Im Fuglen (»Vogel«) wird seit 1963 Kaffee verkauft. Tagsüber ist es eine Kaffeebar mit Kaffeeverkauf, am Abend eine schicke Cocktailbar und zu allen Tageszeiten ein Interieurgeschäft mit Retromöbeln und Accessoires, vor allem aus den 1950er- und 1960er-Jahren.
Universitetsgata 2 • www.fuglen.no • Mo, D 7.30–22, Mi, Do 7.30–0, Fr 7.30–1.30, Sa 11–1.30, So 11–22 Uhr

10 LOFOTSTUA

Eine der wenigen traditionellen Küchen. Fisch und Schalentiere sind in fast jedem Gericht zu finden, es wird sogar Wal und Seehund serviert.
Kirkeveien 40 • www.lofotstua.com • Mo–Fr 15–21.30 Uhr

11 RESTAURANT FAUNA

Eine Rundreise durch Norwegens Fauna (und Flora) kann man in dem Sternerestaurant unternehmen. Fisch, Meeresfrüchte, Lamm oder Seetang als Beilage zu Hummer.
Solligata 2 • www.restaurantfauna.no • D–Sa ab 18 Uhr

12 HOUSE OF OSLO

Wer skandinavisches Design schätzt, ist hier richtig: Auf vier Etagen findet man alles, was das Herz begehrt, um ein ganzes Haus neu einzurichten.
Ruseløkkveien 26 • www.houseofoslo.no

AUSKUNFT

➤ Ruter kundesenter • Jernbanetorget 1 • Mo–Fr 7–20, Sa, So 8–18 Uhr
➤ Visit Oslo • Fridtjof Nansens plass 5 • Mai–Sept. tgl. 9–18, Okt.–Apr. 9–16 Uhr
➤ www.visitoslo.com

An der engsten Stelle des Oslofjords liegt Drøbak, eine pittoreske Kleinstadt mit beliebten Badestränden und einer berühmten Festung: Ausflug nach Drøbak (Band »Ab ins Grüne« Seite 18).

Kopenhagen 09

Im Mikrokosmos der dänischen Hauptstadt liegt alles dicht beieinander: Tivoli, Kleine Meerjungfrau, Opernhaus oder die Königliche Bibliothek sind nur einen Katzensprung voneinander entfernt.

1 AMALIENBORG SLOT

Hier wohnt seit 1794 die königliche Familie! Das Schloss gilt als Schmuckstück europäischer Architektur. Ob die Königin zu Hause ist, erkennt man an der Flagge. Um 12 Uhr findet die Wachablösung statt. Besucht werden darf das Palais von Christian VIII., es zeigt Wohnräume und Reichtümer der letzten Christians.
Amaliegade/Frederiksgade • U-Bahn: Kongens Nytorv • www.kongernessamling.dk • tgl. 11−16 Uhr, Nov.−April Di−So • Eintritt 95 DKK

2 KLEINE MEERJUNGFRAU

Nichts in Kopenhagen wird so oft fotografiert wie die Kleine Meerjungfrau, die einem Märchen Hans Christian Andersens entlehnt ist. Den Auftrag für die Statue, die Edvard Eriksen nach dem Gesicht der Prima-ballerina Ellen Price und dem Körper seiner Frau bildete, erteilte Bierbrauer Carl Jacobsen. 1913 stellte man das Werk auf.
Langelinie • S-Bahn: Østerport

3 TIVOLI

1843 öffnete der Freizeitpark seine Pforten. Heute ist er die meistbesuchte Attraktion des Landes. Neben traditionellen Fahrgeschäften für die Kleinen gibt es andere, in die sich nur die Mutigen wagen, etwa Karussels, die sich in 80 m Höhe drehen. Jahr für Jahr kommt eine Attraktion hinzu. Dazu Theater, Konzerte, Glücksspiel, viele Restaurants − ein großer Familienpark.
Vesterbrogade 3 • S-Bahn: København H • www.tivoligardens. com • Mitte April−Mitte Sept. So−Do 11−23, Fr, Sa 11−24 Uhr • Eintritt 100−110 DKK, freitags und Konzerte 150 DKK, bis 7 Jahre frei

◄ Mikkel exportiert sein Kellerbier mittlerweile in 40 Länder.

4 OPERAEN

Anfang 2005 eröffnete das neue Opernhaus am Hafen. Der von Architekt Henning Larsen entworfene Musentempel war ein Geschenk des größten dänischen Reeders, Arnold Mærsk Mc-Kinney Møller, an die Stadt und den dänischen Staat.
Ekvipagemestervej 10 • Fähre (Havnebus): ab Nyhavn • www.operaen.dk • ausgewählte Führungen (dänisch): Sa, So 9.30 oder 10 Uhr • Ticket 100 DKK

5 RUNDETÅRN

Der Runde Turm, 35 m hoch und 15 m im Durchmesser, ist ein architektonisches Kuriosum: Statt über Treppen schreitet man über einen 209 m langen Gang nach oben. Der Ausblick über Dänemarks Hauptstadt ist einzigartig.
Købmagergade 52a • U-Bahn: Nørreport • www.runde taarn.dk • Juni−Sept. tgl. 10−20, Okt.−Mai tgl. 10−18 Uhr • Eintritt 25 DKK, Kinder 5−15 Jahre 5 DKK

DIE ZEIT

UNTERWEGS MIT KIND

»Die Spielplätze in Kopenhagen sind eine Sensation: Man kann Kettcars ausleihen, Toiletten und Wickeltisch nutzen. Besonders toll ist der Spielplatz Skydebanen mit historischer Kulisse und extrasteiler Rutsche.«
Absalonsgade 12 • Bus: Vesterbros Torv

5 SP34

Der Name steht für Sankt Peders Stræde 34. Hier wurden für das brandneue Boutique-hotel drei Gebäude zusammen-gelegt und nach allen Regeln nordischen Designs gestaltet: klare Formen, warme Farben, viel Licht. Das Übliche, denkt man und stutzt beim Anblick des Stierkopfes in der Lobby. Ein Zelt aus gespannten Seilen umgibt einen Tisch, der Gepäck-raum verbirgt sich in einer Art Eisberg aus spiegelndem Glas.
Sankt Peders Stræde 34 • www.brochner-hotels.dk/our hotels/sp34 • 118 Zimmer

7 DET LILLE APOTEK

Gestandene dänische Haus-mannskost in Kopenhagens ältestem Restaurant.
Store Kannikestræde 15 • www.detlilleapotek.dk • tgl. 11.30– 24 Uhr

8 KANALEN

Im Sommer gibt es kaum eine bessere Adresse. Man sitzt im Garten direkt am Kanal und lässt sich die dänischen bzw. vom Mittelmeer inspirierten Gerichte schmecken.
Wilders Plads 2 • www.res-taurant-kanalen.dk • Mo–Sa 11.30–24 Uhr

9 LA GALETTE

Hier gibt es großartige und da-bei günstige Pfannkuchen, die man sich beliebig füllen lassen kann, etwa mit Spinat, Schin-ken und Käse oder einem Rührei. Oder greift man doch lieber zur süßen Variante?
Larsbjørnsstræde 9 • www. lagalette.dk • Mo–Sa 12–16, 17.30–22, So 16–22 Uhr

10 MARV & BEN

»Mark & Bein« klingt eher nach einer kräftigen Brühe, doch es wird eine ambitionierte moder-ne dänische Küche angeboten, was bereits zu einem Michelin-Stern führte.
Snaregade 4 • www.cargo collective.com/marvogben • Di–Sa 17.30–1 Uhr

11 MIKKELLER BAR

Mikkel Borg Bjergsø produziert spezielle Biere für die Restau-rants der Stadt und hat seine eigene Kellerkneipe eingerich-tet. Es gibt nur Bier vom Fass, dafür aus mehr als 20 Hähnen.
Victoriagade 8 • www.mik keller.dk • So–Mi 13–1, Do, Fr 13–2, Sa 12–2 Uhr

12 KLASSIK

Gebrauchte Designermöbel der klassischen Moderne, beispielsweise von Jacobsen, Klint und Mogensen. Außer-dem findet man hier Bilder und Kunsthandwerk aus jener Zeit. Alles in gutem Zustand und deshalb nicht ganz billig.
Bredgade 3 • www.klassik.dk

ⓘ COPENHAGEN RIGHT NOW
➤ Vesterbrogade 4a • Mai–Mitte Sept. tgl. 9–20 Sept.–April Mo–Fr 9–12, Sa 9–14 Uhr
➤ www.visitcopenhagen.dk

📖 *Ein Trip in den »Whisky-gürtel« beschert Sehens-wertes – Karen Blixens Haus, Knud Jensens Kunsttempel und Hamlets Schloss: Aus-flug nach Rungsted, Louisia-na und Helsingør (Band »Ab ins Grüne« Seite 20).*

Stockholm 10

Schwedens Hauptstadt hat viel zu bieten: imposante Schlösser, monumentale Kirchen, breite Boulevards und eine einmalige Lage zwischen Mälar- und Ostsee, und trotzdem bleibt sie sympathisch überschaubar.

◀ Die Stockholmer lieben ihre Straßencafés, bei jedem Wetter.

1 GRÖNA LUND

Stockholms unterhaltsamer Vergnügungspark liegt direkt am Wasser mit Blick auf die Insel Skeppsholmen. Spektakuläre Achterbahnen und ein Geisterhaus treiben Fahrgästen den Angstschweiß auf die Stirn, aber es gibt auch geruhsamere Fahrgeschäfte.
Lilla Allmänna Gränd 9 • Bus: Gröna Lund • www.grona lund.com • Eintritt 110 SEK

2 HÖTORGSHALLEN

Im Stockholmer Stadtteil Norrmalm bieten Händler seit 1958 in dieser Markthalle Delikatessen aus aller Welt feil. Cafés und Restaurants von Kebab über Sushi bis zu schwedischen Fischspezialitäten runden das Angebot ab.
Sergelgatan 29, 111 • U-Bahn: Hotorget • www.hotorgs hallen.se • Mo–Do 10–18, Fr 10–19, Sa 10–16 Uhr

3 KUNGLIGA SLOTTET

Der Nordflügel des Schlosses ist im Stil des französischen Barock des späten 17. Jh. eingerichtet, die übrigen im Rokokostil. Die Westfassade zum Schlosshügel hin ist mit den Statuen berühmter Schweden geschmückt. Auf der Südseite liegt der halbkreisförmige äußere Schlosshof, auf dem die Wachablösung stattfindet.
Slottsbacken 1 • U-Bahn: Gamla Stan • www.kungahuset. se • Okt.–April Di–So 10–16, Mai–Sept. tgl. 10–17 Uhr • Eintritt 160 SEK

4 SKANSEN

Alles, was geschichtlich für Schweden charakteristisch ist: Bauernhöfe, Werkstätten und sogar ein Stadtviertel mit Krämerladen, Glasbläserei, Buchbinderei, Goldschmiede und Apotheke sind im ältesten Freilichtmuseum der Welt zu bewundern. Im nördlichen Teil liegt der Zoo mit nordeuropäischen Tieren. Zu den Attraktionen zählen die Elchfamilie sowie Rentiere, Wölfe, Seehunde, Wildschweine und Bären. Ein paar Schritte weiter liegt der Lillskansen, ein Streichelzoo.
Djurgårdsslätten 49–51 • U-Bahn: Karlaplan • www. skansen.se • Mai–Aug. tgl. 10–22 (Häuser 11–17), Sept.– April 10–16 Uhr (Häuser Sa, So) • Eintritt: 125 SEK

5 VASAMUSEET

Das Museum zeigt das Kriegsschiff »Vasa«, das bei seiner Jungfernfahrt 1628 gesunken ist. Im Jahr 1961 wurden der Kiel und 20 000 Wrackteile gehoben, und in jahrelanger Kleinarbeit wurde das Schiff wieder zusammengesetzt.
Galärvarvsvägen 14 • Straßenbahn: Nordiska museet • www. vasamuseet.se • Sept.–Mai Do–Di 10–17, Mi 10–20, Juni–Aug. tgl. 8.30–18 Uhr • Eintritt: 130 SEK

DIE ZEIT

ROOFTOP-TOUR

»Wer Stockholm aus einem anderen Blickwinkel kennenlernen möchte, sollte eine Rooftop-Tour machen. Über den Dächern gibt es einen fantastischen Ausblick und spannende und lustige Anekdoten der professionellen Guides.«
z. B. über www.takvandring.com • 60 Min. 595 SEK

6 FIRST HOTEL REISEN

Das Hotel besticht durch seine traumhafte Lage in der Altstadt sowie mit Pool und Spa in einem mittelalterlichen Gewölbekeller. Es gibt ein gutes Restaurant mit schwedischen und französischen Spezialitäten.
Skeppsbron 12−14 • www.firsthotels.com • 144 Zimmer

7 KAJSAS FISK

Im Untergeschoss der Hötorgshallen bietet Stockholms beliebtestes Fischrestaurant preiswert Leckeres für ca. 10−12 €. Seit über 30 Jahren beglückt »Kajsas Fisk« die Stockholmer mit seiner berühmten Fischsuppe und anderen einfachen Fischgerichten.
Hötorgshallen 3 • www.kajsasfisk.se • Mo−Do 11−18, Fr 11−19, Sa 11−16 Uhr

8 KB RESTAURANT

Traditionsreiches Restaurant mit moderner schwedischer Hausmannskost im Künstlerhaus. Hübsche Bar mit Wandgemälden aus den 1920er-Jahren. Klassiker sind Toast Skagen und Gänseleber sowie Kartoffelklöße (›Kroppkaka«).
Smålandsgatan 7 • www.konstnarsbaren.se • Mo−Fr 11.30−0.30, Sa 13−0.30 Uhr

9 NYAGATAN

Biorestaurant im trendigen Södermalm. Das Menü wechselt mit der Jahreszeit, das meiste wurde im Umland produziert. Es gibt Wildschwein und wunderbaren gebeizten Lachs.
Skånegatan 84 • Di−Do 17−23, Fr, Sa 17−1 Uhr

10 PELIKANEN

Eine der wenigen Bierkneipen (»Ölhallar«), die sich über die schwedische Prohibition hinwegretten konnte. Die einfachen, typisch schwedischen Gerichte, das Ambiente und die Preise sind eine unschlagbare Kombination. Hier kehren alle Stockholmer ein.
Blekingegatan 40, Mo, Di 16−24, Mi, Do 16−1, Fr−So 12−0 Uhr, www.pelikan.se

11 NORDISKA KOMPANIET (NK)

Traditionsreiches Kaufhaus, in dem man alles findet, was das Herz begehrt. Auch schwedisches Kunsthandwerk (»Hemslöjd«). Wer den Verlockungen im Innern widerstehen möchte, sollte einen Blick auf die herrliche Jugendstilfassade werfen.
Hamngatan 18−20 • www.nk.se • Mo−Fr 10−20, Sa 10−18, So 11−17 Uhr

(i) STOCKHOLM TOURIST INFORMATION OFFICES

➤ Sergels Torg 3−5 (Kulturhuset) • U-Bahn: T-Centralen (c 3), Mo−Fr 9−18, Sa 9−16, So 10−16 Uhr, im Sommer Mo−Fr 9−19 Uhr
➤ Filialen im Hauptbahnhof, auf Arlanda und im Einkaufszentrum Galerian, Hamngatan
➤ www.visitstockholm.com

Der Wohnsitz des schwedischen Königspaars besticht durch einen wunderschönen Park und viele Sehenswürdigkeiten: Ausflug nach Schloss Drottningholm (Band »Ab ins Grüne« Seite 22).

23

Helsinki 11

Helsinki ist eine junge Stadt ohne Altertümer und Adelspaläste. Finnlands Südländer haben Lebensfreude und Temperament. Den besten Eindruck davon bekommt man am Markt oder auf den Sonnenterrassen.

◄ Bei Juuri gibt es kleine Tapas und selbst gebrautes Bier.

1 FINLANDIA-TALO

Der große finnische Architekt Alvar Aalto plante ab 1962 die weiße Marmorschönheit an der Töölö-Bucht. Die 1975 eingeweihte Finlandiahalle, von Aalto als Gesamtkunstwerk gestaltet, ist ein bedeutendes Konzert- und Tagungszentrum. Mannerheimintie 13 E • Straßenbahn: Kansallismuseo • www.finlandiatalo.fi • Eintritt nur mit Führung (1 Std., unregelmäßige Termine) 16 €

2 ATENEUMIN TAIDEMUSEO

Die Nationalgalerie Ateneum, im eindrucksvollen Neorenaissancebau in den 1880er-Jahren nach Plänen von Theodor Höijer verwirklicht, ist wichtigster Fundus des Landes für Malerei, Grafik und Skulptur. Schwerpunkt liegt auf finnischen Werken vom 18. bis Mitte des 20. Jh., von Akseli Gallen-Kallela bis Pekka Halonen, von Albert Edelfelt bis Helene Schjerfbeck. Kaivokatu 2 • Straßenbahn: Mikonkatu • www.ateneum.fi • Di, Fr 10–18, Mi, Do 10–20, Sa, So 10–17 Uhr • Eintritt 15 €

3 SENAATINTORI

Der Senatsplatz gilt ob seiner neoklassizistischen Bebauung als einer der schönsten Plätze Europas. Die angrenzenden Gebäude repräsentieren das Zentrum des Verwaltungs-, Kirchen- und Universitätslebens der Stadt. Über dem Platz bestimmt die Domkirche (Tuomiokirkko) das Bild, am Abschluss der breiten, 9 m hohen Freitreppe. Straßenbahn Senaatintori

4 TEMPPELIAUKION KIRKKO

Die Felsenkirche ist ein einzigartiger spiritueller Ort. Der nüchterne Betoneingang lässt nicht erahnen, welches Juwel sich dahinter verbirgt. Der runde Kirchenraum wurde in den Fels hineingesprengt, überspannt von einer Kuppel aus Betonstreben und einem schimmernden Kupferdach. Lutherinkatu 3 • Straßenbahn: Sammonkatu • www.helsinginkirkot.fi • Mo–Do 10–20 (Winter 10–18), Fr, Sa 10–17.45, So 11.45–17.45 Uhr

5 KAIVOPUISTO

Einst war der Brunnenpark eine Kuranlage der feinen Gesellschaft. Heute ist das von Carl Ludwig Engel konzipierte und von Theodor Höijer umgestaltete Kaivohuone mit Caféterrasse für die Helsinkier wie ein zweites Wohnzimmer. Hier wird gespielt, gelacht, manchmal locken kostenfreie Angebote wie Park-Aerobic. Im Herzen des Parks und an dessen höchster Stelle steht das Sternenobservatorium Ursa. Kaivopuisto • Straßenbahn: Kaivopuisto

---

DIE ZEIT

RODELSTRECKE AM DOM

»Wer im Winter in Helsinki ist, der sollte immer eine Plastiktüte dabei haben – mit ihr rutschen die Finnen nur zu gern am Dom die tief verschneiten Treppenstufen hinunter oder die Hügel in den Parks. Was für ein Spaß!« Unioninkatu 29 • Straßenbahn: Hallituskatu

---

5 HOTEL KÄMP

Anfang des 20. Jh. war es ein Treffpunkt für Künstler und Bohemiens. Heute birgt die prächtige Fassade elegante Zimmer, Bar, Esplanadenterrasse, Brasserie sowie das asiatisch inspirierte Restaurant Yume.
Pohjoisesplanadi 29 • www.hotelkamp.com • 179 Zimmer

7 JUURI KEITTIÖ & BAARI

Frische heimische Zutaten kommen in der Wurzel(juuri)-Küche in Topf und Pfanne. Neben Fisch, Steak und Wild sind Sapas die besondere Spezialität des Hauses: finnische, also Suomi-Tapas als kleine Gaumenkitzler. Das Restaurant ist meist gut besucht (reservieren).
Korkeavuorenkatu 27 • www.juuri.fi • Mo–Fr 11.30–14.30, 17–24, Sa 12–24, So 16–24 Uhr

8 NOKKA

Das historische Speicherhaus an Katajanokkas Ufer serviert an weiß gedeckter Tafel vor naturbelassenen Backsteinwänden hohe finnische Küche.
Kanavaranta 7 F • www.ravintolanokka.fi • Mo–Di 11.30–22, Mi–Fr 11.30–23, Sa 18–24 Uhr

9 PIRITTA

Eine der schönsten Terrassen am Tokoinranta direkt am Wasser. Die lauen Sommerabende mit einem Drink und kleinen Speisen, manchmal auch mit Musik, sind traumhaft.
Eläintarhantie 12 • www.piritta.fi • Mo–Sa 9–21, So 9–19 Uhr (im Sommer länger)

10 SAVOTTA

Ostfinnisches Holzfällerleben, zelebriert mit einem Augenzwinkern. Die Tracht der Kellner und das Interieur passen dazu wie die in Pfannen und Holztöpfen servierten Gerichte: z.B. Särä, südkarelischer Fleischtopf mit Lamm.
Aleksanterinkatu 22 • www.ravintolasavotta.fi • Mo–Sa 12–23, So 18–22 Uhr

11 SILVOPLEE

Beliebtes vegetarisch-veganes Lunchrestaurant – bezahlt wird nach Gewicht. Natürlich verwendet die Küchenchefin Bioprodukte.
Toinen linja 7 • www.silvoplee.com • Mo–Fr 11–19, Sa 11–18 Uhr

12 KAUPPATORI

Der Markt am Südhafen lockt mit frischen Produkten, Souvenirmarkt sowie Cafés. Die teils nach historischem Vorbild restaurierten Stände in der Markthalle (von 1888) sind prall gefüllt mit finnischen Delikatessen und Lebensmitteln.
Kauppatori • Straßenbahn 1, 2, 3T: Kauppatori

(i) HELSINGIN MATKAILUNEUVONTA
➤ Pohjoisesplanadi 19 • Straßenbahn 1 3T: Kauppatori • Mitte Mai–Mitte Sept. Mo–Sa 9–18, So 9–16, sonst Mo–Fr 9–18, Sa–So 10–16 Uhr
➤ www.visithelsinki.fi

Auf rund 60 Hektar fantastische Schärennatur und künstlerisches Leben: ein Ausflug in die Inselgruppe Suomenlinna (Band »Ab ins Grüne« Seite 24).

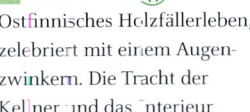

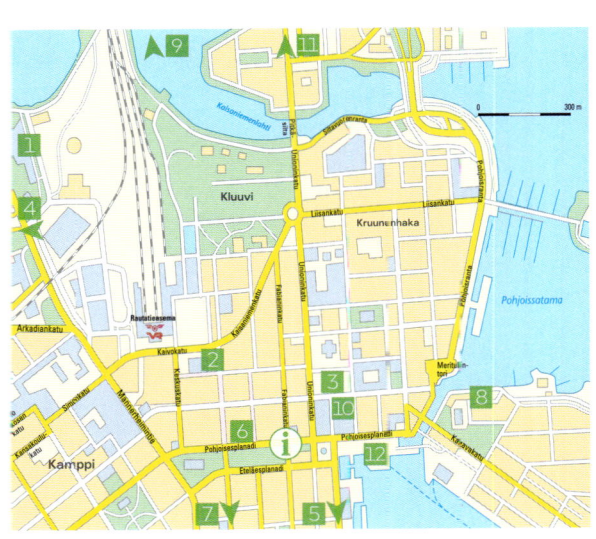

Tallinn 12

In der stolzen alten Hansestadt geben seit Jahrhunderten Handel und Handwerk den Ton an. Das einstige Reval präsentiert sich dynamisch, jung und aufregend.

◀ Das Restaurant Ö feiert nordische Küche und Zutaten.

1 TOOMKIRIK

Mittelpunkt des Dombergs ist die Domkirche, eine der ältesten des Landes. Das Innere birgt wertvolle Kunstschätze, unter denen die Grabmäler mit lebensgroßen Figuren der Verstorbenen und die Wappenschilde des deutschbaltischen Adels herausragen. Den schönsten Blick auf Tallinn genießt man vom 69 m hohen barocken Glockenturm.
Toom-Kooli 6 • Bus: Tõnismägi • www.toomkirik.ee • Mai–Sept. 9–17, Okt.–April 10–16 Uhr

2 EESTI KUNSTIMUUSEUM

2006 eröffnete der eigenwillige, scharfkantige und futuristische Bau des finnischen Architekten Pekka Vapaavuori. Auf drei Ebenen des KUMU ist Kunst verschiedener Epochen zu sehen: estnische Werke vom frühen 18. Jh. bis zum Zweiten Weltkrieg, aus der Sowjetzeit sowie zeitgenössische Kunst.
Weizenbergi 34 • Bus: Kumu • www.kumu.ekm.ee • April–Sept. Do 10–20, Di, Mi, Fr–So 10–18, Okt.–März Mo 10–20, Mi, Fr–So 11–18 Uhr • Eintritt 8 €

3 NIGULISTE KIRK

Die Niguliste kirik aus dem 13. Jh. dient heute als Konzertsaal und als Zweigstelle des Estnischen Kunstmuseums, in der sakrale Kunst des Mittelalters gezeigt wird. Glanzstücke sind der Hauptaltar vom Lübecker Meister Hermen Rode und ein Fragment des »Totentanzes« von Bernt Notke.
Niguliste 3 • Bus: Rathausplatz • www.nigulistemuuseum. ekm.ee, www.ekm.ee/niguliste • Mai–Sept. Di–So 10–17, Okt.–April Mi–So 10–17 Uhr • Eintritt 6 €

4 RAEKOJA PLATS

Der Rathausplatz wird vom spätgotischen Rathaus (Raekoda) beherrscht, das eindrucksvolle Wasserspeier in Form von Drachenköpfen besitzt. Von der Aussichtsplattform bietet sich ein schöner Blick. Hier befindet sich mit der Ratsapotheke aus dem 15. Jh. die älteste noch betriebene Apotheke Europas.
Raekoja plats • Bus: Rathausplatz • www.raekoda.tallinn.ee

5 KADRIORU LOSS

Schloss Katharinental liegt 3 km östlich der Altstadt und gilt als schönstes Beispiel estnischer Barockarchitektur. Peter der Große ließ es nach Entwürfen von Niccoló Michetti als Sommerresidenz für seine Gattin Katharina errichten.
Weizenbergi 37 • Straßenbahn: Kadriorg • www.kadrioru muuseum.ekm.ee, www.ekm.ee • Mai–Sept. Di, Do–So 10–18, Mi 10–20, Okt.–April Mi 10–20, Do–So 10–17 Uhr • Eintritt 6,50 €

DIE ZEIT

ANREISE MIT EISBRECHER

»Am stilvollsten ist die Ankunft in Tallinn mit der Eisbrecherfähre von Helsinki aus. Auf dem Hinweg bewundert man vom Deck aus die schöne Natur und auf dem Rückweg kann man, wenn man möchte, mit ausgelassenen Finnen im Schiffsbauch feiern.«

6 TELEGRAAF

Schickes Hotel in der Altstadt mit Spa und französisch-russischem Restaurant im früheren Telegrafenamt aus dem 19. Jh. Das luxuriöse Fünfsternehotel beherbergte schon viele berühmte Gäste darunter u. a. die Rockband Muse, Alice Cooper sowie Staatsmänner aus verschiedenen Ländern.
Vene 9 • www.telegraafhotel. com • 83 Zimmer

7 HELL HUNT

Gemütliches Pub mit einer hervorragenden und sehr großen Auswahl gezapfter und Flaschenbiere. Damit für dieses Vorhaben auch ausreichend »Fundament« vorhanden ist, werden hier auch ordentliche Burger, Snacks, Salate, Suppen sowie Pastagerichte serviert.
Pikk 39 • www.hellhunt.ee • tgl. 12–2 Uhr

8 KULDSE NOTSU KÖRTS

Hier findet man noch authentische estnische Küche wie zu Großmutters Zeiten mit typischen Schweinefleischspezialitäten. Bei Touristen und Einheimischen beliebt sind hausgemachte Käse und (Blut-)Wurst.
Dunkri 8 • www.kuldnenotsu. ee • tgl. 12–23 Uhr

9 RATASKAEVU 16

Das Restaurant ist bei Einheimischen und Touristen gleichermaßen beliebt. In den gemütlichen Räumen und auf der Hinterhofterrasse kann man sich u. a. estnischen Käse, Elchfleisch oder gebackenen Lachs schmecken lassen. Dazu gibt es eine sorgfältige Weinauswahl.
Rataskaevu 16 • www.rataskaevu16.ee • So–Do 12–23, Fr/Sa 12–24 Uhr

10 RESTAURANT Ö

In einem früheren Lagerhaus am Hafen bietet ein junges Küchenteam moderne estnische Küche, extravagant, saisonal und ambitioniert.
Mere pst. 6a • www.restoran-o. ee • Mo–Sa 18–23 Uhr

11 OLDE HANSA

Gastlichkeit wie zu Hansezeiten in einem mittelalterlichen Kaufmannshaus. Traditionelle estnische Speisen, Gewürzbier, Pfeifenklänge und kostümiertes Personal beschwören Tallinns Vergangenheit herauf.
Vana turg 1 • www.oldehansa. ee • tgl. 11–24 Uhr

12 CAFÉ MAIASMOKK

In dem nach eigener Angabe ältesten Café Estlands mit angeschlossenem Schokoladenmuseum sind süße Verführungen der estnischen Traditionsmarke zu erwerben: Konfekt, Marzipan und Schokolade.
Pikk 16 • www.kohvikmaiasmokk.ee • Mo–Fr 8–21, Sa, So 9–21 Uhr

(i) TOURIST-INFORMATION TALLINN
➤ Vatsaduse väljak 7
➤ www.visittallinn.ee

Ein Spaziergang durch Estlands Hauptstadt mit ihrer mittelalterlichen, von einer Stadtmauer umschlossenen Altstadt: Rundgang durch die alte Hansestadt Tallinn (Band »Ab ins Grüne« Seite 26).

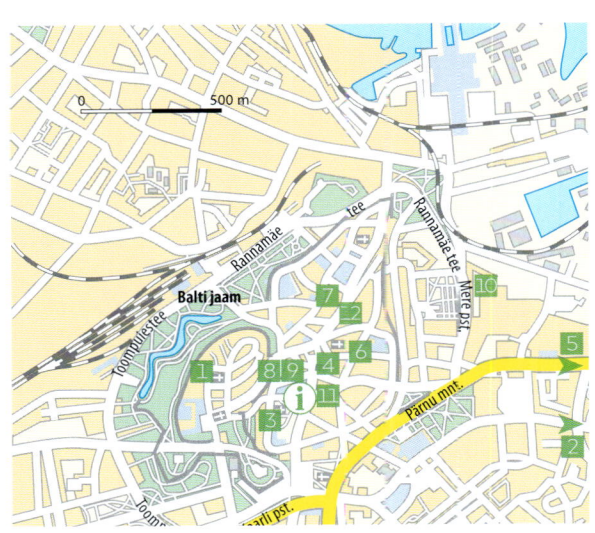

Riga 13

Riga, auch das »Paris des Nordens« genannt, glänzt mit seinen liebevoll renovierten Gebäuden aus der Hansezeit, den vielfältigen Museen und seinen originellen Restaurants.

◄ Das Restaurant Vincents ist ein Reiseziel für Feinschmecker.

4 MELNGALVJU NAMS

1334 als Versammlungshaus errichtet, wurde das Schwarzhäupterhaus vielfach umgebaut, bevor es im 17. Jh. von der Compagnie der Schwarzen Häupter übernommen wurde – einer Gilde, die ihren Namen von einem Märtyrer aus Afrika herleitet.
Rātslaukums 7 • Straßenbahn: Grēcinieku iela • www. melngalvjunams.lv • Di–So 11–18 Uhr • Eintritt 6 €, mit Führung 16 €

1 DOMA BAZNĪCA

Der Dom zu Riga ist der größte Sakralbau des Baltikums und aufgrund seines Alters sowie seiner architektonischen Substanz auch einer der bedeutendsten. Die unterschiedlichen Baustile reichen von Romanik (Chor, Kreuzgang) und Gotik (Nordportal) über Barock (Turm, Kanzel) bis zu Elementen des Jugendstils (westliche Vorhalle). Eine Besonderheit des Doms sind die Glasfenster und die Orgel. Der Historienmaler Anton Dietrich wurde 1889 mit dem Entwurf der Fenster beauftragt. Die Orgel von 1884 galt mit ihren 6700 Pfeifen als größte der Welt.
Doma laukums 1 • Straßenbahn: Grēcinieku iela • www.doms.lv • Juli–Sept. Sa–Di 9–18, Mi, Fr 9–17, Do 9–17.30 , Okt.–Juni tgl. 10–17 Uhr • **Eintritt frei**

2 LATVIJAS NACIONĀLAIS MĀKSLAS MUZEJS

Die Eröffnung 1905 war ein nationales Ereignis, da erstmals nur lettische Künstler gezeigt wurden, u. a. Bilder von Janis Rozentāls. In den 1930er-Jahren wurde die Sammlung um russische Avantgarde erweitert sowie um Werke Nicholas Roerichs. Das Untergeschoss zeigt zeitgenössische Arbeiten.
Jaņa Rozentāla laukums 1 • Straßenbahn: Opera Nacionala • www.lnmm.lv • Di–Do 10–18, Fr 10–20, Sa, So 10–17 Uhr • Eintritt 3,50 €

3 NATIONAL OPERA

Das »Weiße Haus« ist das Nationalheiligtum der Letten. Eine engagierte Intendanz hat dem Haus internationales Renommee beschert.
Aspazijas bulv. 3 • Straßenbahn: Opera Nacionala • www.opera. lv • Führungen 8 €

5 KALNCIEMA

Eine Privatinitiative hat das Quartier »auf der anderen Seite« zum Kultort gemacht. Rund um das renovierte Holzhaus-Ensemble in der Kalnciema Ecke Melnsila stehen historische Bauten aus dem 18 Jh. Die Tram 10 zuckelt durchs Viertel, man kann überall aussteigen. Samstags findet hier ein schöner Markt statt.
Kalnciema iela • www. kalnciemaiela.lv

LAIMA-UHR

Laima ist für Riga so etwas wie Sprüngli für Zürich: die beste Schokolade der Welt. Die Uhr wurde schon 1924 aufgestellt. Heute ist sie einer der beliebtesten Treffpunkte der Stadt, die Logos an der Uhr stammen aus den 1930er-Jahren.
Azpazijas bulv. • Straßenbahn: Nacionālā opera

6 AVALON HOTEL

Das Hotel besticht durch seine gute Lage am Rand der Altstadt, nahe an Zentralmarkt und Bahnhof. Der Service ist hervorragend, und die Rezeption kann einem immer wieder gute, auch mal ungewöhnliche Tipps geben. Auf der 6. Etage gibt es eine kleine überdachte Terrasse.
Kalēju 70–72 • www.hotel avalon.eu • 111 Zimmer

7 ALUS ARSENĀLS

Hier kann man im Kellergewölbe in Schlossnähe deftig lettisch speisen, wenn einem etwa der Sinn nach Haxen und Sauerkraut steht. Sogar Schweineschnauze kommt auf den Tisch, dazu passt die große Auswahl an einheimischen Bieren.
Pils laukums 4 • www.alus-arsenals.lv • Mo–Do 12–22, Fr, Sa 12–24, So 13–22 Uhr

8 FOLKKLUBS ALA PAGRABS

Bierlokal mit urigem Gewölbekeller. Alle 27 lettischen Fassbiere können hier probiert werden. Das Essen ist typisch lettisch, preiswert und gut mit großen Portionen. Dazu wird Livemusik gespielt – es könnte etwas laut werden.
Peldu iela 19 • www.folk klubs.lv • Mo, Di 12–1, Mi 12–3, Do, Fr 12-4, Sa 14–4, So 12–24 Uhr

9 KAĻĶU VĀRTI

Die Speisen in diesem kleinen, elegant-rustikalen Lokal haben monatlich einen anderen Schwerpunkt, im September z.B. Waldpilze, und so stehen köstliche Pilzgerichte, auch mit Wild aus lettischen Wäldern, auf der Speisekarte. Reservierung empfehlenswert.
Kaļķu 11 a • www.kalkuvarti.lv • tgl. 12–24 Uhr

10 PELMENI XL

»Pelmeni« sind gefüllte Teigtaschen. Hier gibt es sie köstlich, reichlich und auch für den nächtlichen Hunger, dazu Suppen, Salate und zum Nachspülen russischen Wodka.
Kaļķu 7 • www.xlpelmeni.lv • tgl. 9/10–4 Uhr

11 VINCENTS

Die Gourmetküche von Mārtiņš Rītiņš basiert auf regionalen Zutaten und findet großen Anklang bei Gästen aus aller Welt. Eine Auswahl erlesener Weine und ein stimmiges Dekor runden den Besuch ab.
Elizabetes iela 19 • www.resto rans.lv • Di–Sa 18–22 Uhr

12 ART NOUVEAU RIGA

Hier kann man alles erwerben, was mit lettischem Jugendstil zu tun hat: Lampen, Keramik, Schmuck, Poster, Handschuhe – jedoch alles als Repliken.
Strēlnieku 9 • www.artnouveau riga.lv

(i) LIVE RIGA TOURIST INFORMATION CENTRES
➤ Rātslaukums 6
➤ Kaļķu 16
➤ im Hauptbahnhof • Stacijas laukums 2
➤ www.liveriga.com/de

Im Westen liegt eines der schönsten Strandbäder der Ostsee, auch »Lettische Riviera« genannt: Ausflug nach Jūrmala am Meer (Band »Ab ins Grüne« Seite 28).

Sankt Petersburg 14

Die prachtvolle Vergangenheit der russischen Metropole an der Newa und eine dynamische Gegenwart prägen das Bild einer modernen und kosmopolitischen Weltstadt.

◀ Das Glasdach der eleganten Jugendstilgalerie Passasch.

4 ISAAKKATHEDRALE

Zwischen Senats- und Isaakplatz erhebt sich die Isaakkathedrale (Isaakajewski sobor), der drittgrößte sakrale Kuppelbau der Welt. Die aus rotem Granit und grauem Marmor errichtete, 111 m lange, 97 m breite und knapp 102 m hohe Kathedrale lässt förmlich alle umliegenden Gebäude schrumpfen. Isaakijewskaja pl. • U-Bahn: Admiraltejskaja • www. cathedral.ru • Kathedrale: tgl. 11–19, Kolonnaden: tgl. 10.30–19 Uhr • Eintritt 300 Rb

5 NEWSKI PROSPEKT

Gesäumt von Palästen, Kirchen und Jugendstilbauten, erzählt der Boulevard vom Glanz des Adels und den Hoffnungen des Bürgertums. Der russische Schriftsteller Nikolai Gogol setzte der Prachtstraße mit der berühmten Novelle »Newski Prospekt« ein Denkmal. Zwischen Admiralität und Alexander-Newski-Platz

1 EREMITAGE

Der Museumskomplex erstreckt sich über sechs Gebäude und beherbergt mehr als drei Millionen Exponate, von der Kunst und Kultur der Skythen, der »Taurischen Venus« über die Ägyptische Sammlung bis zu westeuropäischer Kunst aus sieben Jahrhunderten. Dworzowaja nab. 32–36 • U-Bahn: Newski Prospekt • www.hermitagemuseum.org • Di, Do, Sa, So 10.30–18, Mi, Fr 10.30–21 Uhr • Eintritt 600 Rb

2 BERNSTEINZIMMER

Zar Peter I. erhielt 1716 das legendäre Bernsteinzimmer von Friedrich Wilhelm I. als Gegengeschenk für dessen Elitetruppe. Erst war es im Winterpalais untergebracht, dann fast 200 Jahre im Katharinenpalast, bis es die Deutschen 1941 nach Königsberg brachten. Dort verschwand es vier Jahre später spurlos. Seit 1976 bis Ende der 1990er-Jahre fertigten russische Restaurateure eine originalgetreue Nachbildung des »achten Weltwunders«. Zarskoje Selo • Sadovaya ulitsa 7 • 25 km südlich, Zug ab Witebsker Bahnhof bis Detskoje Selo; Bus: Zarskoje Selo • www.tzar.ru • tgl. 10–18 Uhr • Eintritt 700 Rb

3 ERLÖSERKIRCHE

Die »russischste« aller Petersburger Kirchen – auch Christi–Auferstehungs-Kathedrale oder »Erlöserkirche auf dem Blute« genannt – fesselt mit ihrer Farbenpracht. Zar Alexander III. ließ sie dort errichten, wo sein Vater, Alexander II., 1881 bei einem Attentat umkam. Nab. kanala Gribojedowa • U-Bahn: Newski Prospekt • www.cathedral.ru/spasa_na_krovi • Fr–Di 11–18 Uhr • Eintritt 70 Rb

ROOFTOP TERRACE

Im obersten Stock des W-Hotels befindet sich eine Bar mit 360-Grad-Panorama auf das historische Zentrum. Der Ausblick auf die Newa ist spektakulär! Am Abend steigt man noch eine Etage höher auf die Dachterrasse. Wosnessenski pr. 6 • www.wst petersburg.com/terrace • So–Do 12–2, Fr/Sa12–4 Uhr

6 CORINTHIA HOTEL

Das größte Fünfsternehotel in bester Lage. Superelegante, riesige Lobby, die Zimmer sind dezent, aber mit größtem Komfort ausgestattet.
Newski pr. 57 • www.corinthia. com • 388 Zimmer

7 IDIOT

Noch während der Perestroika, als Worte wie »ökologisch« und »vegetarisch« Seltenheitswert besaßen, eröffnete ein Petersburger Künstler eine vegetarische Kellerkneipe und nannte sie nach Dostojewskis Roman »Idiot«. Heute ist das Restaurant für viele russische Vegetarier ein Mekka.
Nab. reki Moiki 82 • www. idiot-spb.com • tgl. 11–1 Uhr

8 KOKOKO

Das KoKoKo, im W-Hotel gelegen, wurde von Sergej Schnurow, Frontmann der Ska-Punk-Band »Leningrad« gegründet. In hypermodernem Ambiente interpretiert Chef Igor Grischetschkina russische Küche völlig neu.
Wosnessenski pr. 6 • www. kokoko.spb.ru • tgl. 7–11, 15–1 Uhr

9 MARI VANNA

Nostalgiereise: Die Tür öffnet sich, der Flur ist mit Einmachgläsern, Äpfeln und Holzskiern vollgestellt. In der Stube wird russische Hausmannskost serviert: Pilzsuppe, Borschtsch, Pelmeni. Mari Vanna ist ein Erfolgsmodell, das es auch in London und New York gibt.
Mytninskaya 3 • en.ginza.ru/ spb/restaurant/marivanna • tgl. 12–23 Uhr

10 PALKIN

In dem ältesten Restaurant der Stadt, 1785 gegründet, wird nach alten russischen Rezepten gekocht – in ruhiger, angenehmer Atmosphäre.
Newski pr. 47 • www.palkin. ru • tgl. ab 12 Uhr bis zum letzten Gast

11 RESTORAN

Loftatmosphäre mit hohen Fenstern und Spiegeln, dazu nostalgische Einrichtungsstücke und Accessoires. Die Küche könnte russischer nicht sein, besonders gut ist das Vorspeisenbüfett.
Tamoschenny per. 2 • www. elbagroup.ru • tgl. 12–24 Uhr

12 PASSASCH

Ein architektonisch bemerkenswertes Kaufhaus – 1848 errichtet und 1900 im Jugendstil umgebaut – verbindet den Newski Prospekt mit der Italjanskaja uliza. Die gesamte Ladenpassage überwölbt ein riesiges Glasdach. Hier sind neben Luxusartikeln auch Antiquitäten, Souvenirs und Lebensmittel zu haben.
Newski pr. 48 • www.passage. spb.ru • Mo–Sa 10–21, So 11–21 Uhr

i STÄDTISCHES TOURISTENBÜRO
➤ Sadowaja ul. 14/52
➤ www.ispb.info
➤ www.visit-petersburg.ru

 Die schönste Zarenresidenz liegt am Finnischen Meerbusen: ein Ausflug zum russischen Versailles – der Peterhof (Band »Ab ins Grüne« Seite 30).

Sylt 15

Sylt lockt mit den mächtigsten Dünen im Norden und mit hübschen Kapitänshäusern in der Inselmitte. Die friesische Lebensart hält sich beim obligatorischen Tee oder den Fischbuden am Hafen.

◀ Im Keller unter der Sansibar lagern 30 000 Flaschen Wein.

4 SYLTER SAHARA

An der nördlichen Spitze Sylts fließen Wattenmeer und Nordsee ineinander. Das Schauspiel ist schön, aber aufgrund der Strömungen lebensgefährlich. Der komplette Inselteil mit seinen einsamen Wanderdünen ist ein Naturschutzgebiet. Thomas Mann verglich es einst mit der Weite der Sahara.
Nordspitze der Insel, Zufahrt über Ellenbogenstr. • mit dem Auto: Tageskarte 5 €, zu Fuß oder mit dem Rad: **Eintritt frei**

1 ALTFRIESISCHES HAUS

In diesem 1739 erbauten Friesenhaus lebte der große Chronist Sylts, Christian Peter Hansen (1803–1879), der das Gebäude 1850 kaufte und dessen umfangreiche heimatkundliche Sammlung von prähistorischen Funden, kunsthandwerklichen Arbeiten, Gebrauchsgegenständen und Schmuck auch den Grundstock für das heutige eindrucksvolle Museum bildet.
Keitum • Am Kliff 13 • www. soelring-foriining.de • Ostern– Okt. 10–17, Nov.–März Mi–Sa 12–16 Uhr • Eintritt 5 €

2 KAMPEN

Kampen ist ein Paradoxon: Die Gemeinde zählt etwa 600 Bürger, doch die Zahl der Gästebetten ist viermal so hoch. Andererseits bietet Kampen auf kleiner Fläche einen atemberaubenden Reichtum an Naturerlebnissen. Außerhalb der Saison wirkt das Dorf dagegen fast verlassen, und der einsame Wanderer kann an solchen Tagen die »erfrischende Melancholie«, die Thomas Mann einst in Kampen verspürte, nachempfinden.
Tourismus Kampen • Kaamp Hüs • Hauptstr. 12 • www. kampen.de

3 ROTES KLIFF

Bis zu 30 m hoch ist die dramatische Steilküste, die bei jeder Sturmflut weiter angefressen wird. Das Rote Kliff erstreckt sich als Abbruchkante über mehr als 4 km. Seinen Namen hat es von dem eisenhaltigen Lehm, der sich rostrot färbt, wenn er mit Sauerstoff in Berührung kommt.
Zwischen Wenningstedt und Kampen, Anfahrt: Wenningstedter Weg in den Möwenweg

5 HÖRNUMER ODDE

Bei einer Wanderung um das südliche Horn wandelt sich das ruhige Wattenmeer im Laufe des Spaziergangs in eine tosende See. Mit etwas Glück lässt sich auch das alte Fundament des Leuchtturms erblicken, der bereits den Fluten zum Opfer gefallen ist. Der Landverlust Sylts wird hier deutlich sichtbar. Die Wanderung um die Inselspitze dauert etwa 1,5 Stunden.
Hauptstrand

DIE ZEIT

L.A. SYLT, DIE LISTER AUSTERNPERLE

»Entspannung pur findet man im L.A. SYLT, die Lister Austernperle. Familienfreundlich mit regionalen Produkten und schönem Ausblick. Während die Großen auf die Bestellung warten, toben die Kleinen noch im Sand.«
List • Oststrand-Promenade 333B

6 DORINT

Schön in den Dünen gelegen, sind die Zimmer des Dorint hell und freundlich und mit witzigen Möbeldetails versehen. Der Spa-Bereich ist groß und verfügt über einen Pool, Dampfbäder und eine Beauty-Abteilung. Das Haus ist kinderfreundlich.
Westerland • Schützenstr. 20–24 • http://hotel-sylt-westerland.dorint.com •

7 FRIESENHOF

Auf einem parkähnlichen Gelände, fünf Minuten zu Fuß vom Strand, befindet sich der familiengeführte Friesenhof mit komfortablen Ferienwohnungen und Zimmern. Das Gebäude ist eines der ältesten auf Sylt. Außen strahlt es den Charme vergangener Zeiten aus, innen ist es modern.
Wenningstedt • Hauptstr. 26 • www.sylt-friesenhof.de

8 JOHANNES KING, GENUSSSHOP

Leckerbissen in Tante-Emma-Atmosphäre: Der Zwei-Sterne-Koch präsentiert in dem Raum mit den ornamentalen Kacheln Köstlichkeiten zum Mitnehmen, Bestellen oder dort Naschen. Viele der Zutaten entstammen dem eigenen Bauernhof des Kochs.
Keitum • Gurtstig 2 • www.johannesking.de • Mo, Di, Do–Sa 11–20, So 13–20 Uhr

9 KLEINE TEESTUBE

Das friesisch-gemütliche Ambiente der Teestube zieren blumige Vorhänge, Spitzendecken und liebevoll dekorierter Nippes zu lindgrünen Möbeln. Von Ofenkartoffeln und Krabbenbrot bis zu Waffeln und den beliebten Blaubeerpfannkuchen ist alles frisch zubereitet. Besonders lecker ist hier die Friesentorte.

Keitum • Westerhörn 2 • www.kleineteestube-sylt.de • tgl. 10–18 Uhr, Okt.–Juni Do geschl.

10 SANSIBAR

Das Kultrestaurant mit den gekreuzten Säbeln steht auf der Beliebtheitsskala ganz oben. Und wenn zum Sonnenuntergang »Wenn bei Capri die rote Sonne ...« erklingt und die Gäste miteinstimmen, weiß man, was den Reiz der bekanntesten Strandbude Deutschlands ausmacht.
Rantum • Hörnumer Str. 80 • www.sansibar.de • tgl. ab 10.30 Uhr, abends reservieren

11 SYLTER FRIESENSHOP

Friesische Hummercremesuppe, Sylter Fischsuppe in Dosen, Pharisäer-Honig oder »Sylter Schafsköttel« (Lakritz – im Friesenshop gibt es Souvenirs für jeden Geschmack. Außerdem: Ausgefallenes für die Küche wie für den Strand.
Strandstr. 22 • www.sylter-friesenshop.de

(i) SYLT TOURISMUS
➤ Westerland • Strandstr. 35 • Mo–Fr 8–20, Sa 10–16 Uhr
➤ www.insel-sylt.de

Nördlich von Sylt liegt die Insel Rømø. Hier erstreckt sich der breiteste Strand Europas, denn hier sammelt sich der Sand, der in Sylt abgetragen wird – Ausflug ins dänische Rømø (Band »Ab ins Grüne« Seite 32).

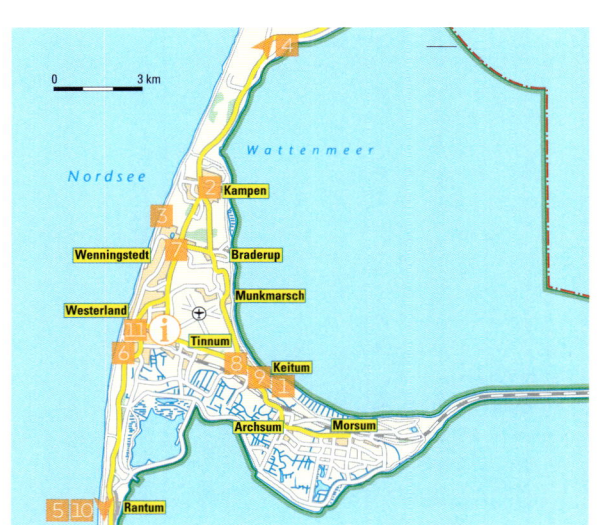

Rügen 16

Auf Rügen gibt es feine Sandstrände, weite Wiesen und Wälder und natürlich die berühmten Kreidefelsen. Romantisch ist eine Übernachtung im reetgedeckten Haus mit Stockrosen vor dem Fenster.

◀ In der Strandhalle kann man in urigem Ambiente speisen.

Funkpeilturm der Kriegsmarine, heute ein Ausstellungszentrum, und zwei Leuchttürme, der höhere ist noch in Betrieb. Von der Aussichtsplattform des kleineren sieht man bis zur Insel Møn.
Putgarten • www.kap-arkona.de • Parkplatz 4 €, unabhängig von der Parkdauer • Arkonabahn Hin- und Rückfahrt 4 €

4 KÖNIGSSTUHL
Wer die Kreideküste nicht besucht hat, hat Rügen nicht gesehen, besonders den Felsvorsprung Königsstuhl, rosig im Morgenlicht und dann schneeweiß. Keine noch so schöne Postkarte gibt annähernd die Wirklichkeit wieder. Im 2500 ha großen Nationalpark Jasmund durchziehen wunderschöne Wege und Hochuferpfade mit immer neuen Ausblicken das Gebiet voller Quellen, Seen und Moore.
4 km nördl. von Sassnitz • www.nationalpark-jasmund.de • Eintritt: 9,50 €

1 DOKUMENTATIONS-ZENTRUM PRORA
In der Dauerausstellung »MACHTUrlaub«, die zusammen mit Partnern aus Polen, Tschechien, Österreich und Holland erarbeitet wurde, wird die Geschichte des als »Koloss von Rügen« verbrämten ehemaligen Seebades der Nationalsozialisten gezeigt, u. a. mit historischen Filmaufnahmen und Zeitzeugeninterviews. Dazu widmen sich begleitende Wechselausstellungen immer wieder aktuellen Themen aus Geschichte, Architektur, Kunst, Natur und Politik.
Prora • Objektstr., Block 3/ Querriegel • www.proradok. de • März, April, Sept., Okt. tgl. 10–18, Mai–Aug. 9.30–19, Nov., Jan. 10–16, Feb. 10–17 • Führungen 11.45, 14.30 Uhr • Eintritt 6 €, mit Führung 8 €

2 GROSS ZICKER
In Rügens vielleicht schönstem Dorf haben sich die Reetdächer aus Schilfrohr, das hier wächst, erhalten. Das Handwerk wurde über Generationen vermittelt. Besonders ins Auge fällt das 1723 erbaute Pfarrwitwenhaus. Mittellose Pfarrwitwen kamen hier unter, seit 1988 ist es ein Museum. Offen steht auch die gotische Kirche, das älteste Gebäude der Halbinsel Mönchgut.
Groß Zicker • Pfarrwitwenhaus: Dorfstr. 21 • www.kirche-auf-moenchgut.de

3 KAP ARKONA
Am Standort des slawischen Burgwalls, an dem die Ranen im 6. Jh. die Jaromarsburg mit dem Tempel für ihren vierköpfigen Gott Svantevit bauten, sind kaum mehr Reste des Burgwalls auszumachen. Zu sehen sind der ehemalige

---

DIE ZEIT

IM JAICH WASSERWELTEN
»Schwimmende Wasserhäuser oder Pfahlhaussuiten: Eine wunderschöne Unterkunft ist die Wasserwelt Im Jaich. Wer es romantisch, aber nicht kitschig mag, ist hier sehr gut aufgehoben für ein bis mehrere Nächte.«
Putbus • Am Yachthafen 1 • www. im-jaich.de

5 GRAND HOTEL

Nur eine kaum befahrene Straße trennt es vom Meer, nur ein kurzer Spaziergang von der trubeligen Seebrücke und vom Kurplatz. Großzügig geschnittene Zimmer und Suiten an der Binzer Bucht, alle mit Balkon oder Terrasse. Ein gutes Restaurant und die Bar mit Livemusik machen den Urlaub perfekt.

Binz • Strandpromenade 7 • www.grandhotelbinz.com • 127 Zimmer

6 STRANDHOTEL SASSNITZ

Direkt an Promenade und Seebrücke liegt das Hotel mit Strandcafé und Restaurant. Die Apartments mit bis zu sechs Betten sind genau genommen Ferienwohnungen, teilweise haben sie Kamin und Sauna.

Sassnitz • Rosenstr. 12 • www.strandhotel-sassnitz.de • 11 Apartments

7 SCHILLINGS GASTHOF

Der legendäre ehemalige Gasthof Keil wurde von der Familie Schilling wiederbelebt und steht für Kochkunst auf hohem Niveau. Grundlage der Küche sind heimische Produkte: z. B. Bio-Öherind und frischer Fisch, gefangen von Hiddenseer Kutterfischern.

Schaprode • Hafenweg 45 • www.schillings-gasthof.de • Jan.–März Mo–Fr ab 16, Sa, So ab 12, April–Dez. tgl. 12–23 Uhr

8 ZUM SCHEELE

Zwischen historischen Backsteinwänden unter einer alten Holzdecke genießen Besucher frische regionale Speisen in hanseatischem Flair wie gebratene Scholle mit Röstkartoffeln. Schöner Innenhof.

Stralsund • Fährstr. 24 • www.scheelehof.de • tgl. 12–23 Uhr

9 STRANDHALLE

Das Vergnügen beginnt mit dem ersten Blick in das hohe, rekonstruierte Fachwerkhaus. Auf den Tisch kommen Köstlichkeiten wie Birnen-Sellerie-Cremesuppe oder Ostseedorsch unter Kartoffelkruste.

Binz • Strandpromenade 5 • www.strandhalle-binz.de • Di–So 12–22, Winter ab 17, Sa, So ab 12 Uhr

10 RÜGEN-MARKT THIESSOW

Mehr als 80 regionale Produzenten, Kunsthandwerker und Künstler laden zum besonderen Einkaufsbummel ein. Es gibt Kulinarisches und skurrile Kunstobjekte. Im roten Oldtimer liefert der älteste Gasthof Rügens Landbier und rote Fassbrause, Edda Schultz bringt Kleidung aus Filz und Walkwolle, Hans-Jörg Peters vom Kunsthof Gresenhorst präsentiert Schnitzereien, Keramik und Fotografie.

Thiessow • Am Hafen • www.ruegen-markt.de • Mai–Okt. Di, Do 9–16 Uhr

(i) TOURISMUS-ZENTRALE RÜGEN

➤ Bergen, Markt 23
➤ www.ruegen.de

Die alte Hansestadt Greifswald, der maritime Vorort Wieck und die romantische Klosterruine Eldena – ein Ausflug aufs Festland (Band »Ab ins Grüne« Seite 34).

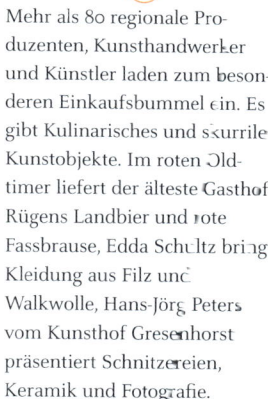

Hamburg 17

Die Hafen-und Hansestadt Hamburg ist vom Wasser geprägt und wie keine andere in Europa von Fleeten, Flüssen und Kanälen durchzogen. Natürlich locken die Restaurants mit ihren delikaten Fischgerichten.

◀ Im Petit Bonheur gibt es gute französische Küche.

1 SPEICHERSTADT

Den heute denkmalgeschützten Lagerhauskomplex ließen Hamburger Kaufleute Ende des 19. Jh. im wilhelminischen Backsteinstil errichten, dicht gedrängt und hoch aufstrebend wie gotische Kathedralen. Tipp: der Besuch des Speicherstadtmuseums, des Deutschen Zollmuseums und des Spicy's Gewürzmuseums. Im Sommer wandelt sich die Speicherstadt zur Bühne für »Jedermann«. U-Bahn: Meßberg • www. speicherstadt.de

2 ELBPHILHARMONIE

Herzstück des Konzerthauses, das wie eine gläserne Welle auf dem ehemaligen Kakaospeicher thront, ist der Große Saal mit 2150 Plätzen und einer Bühne in der Mitte, auf der ein komplettes Orchester nebst Chor Platz findet. Auf der Aussichtsplattform genießt man einen umwerfenden Blick auf den Hafen und die Stadt. Platz der Deutschen Einheit 1 • U-Bahn: Baumwall • www. elbphilharmonie.de

3 HAMBURGER KUNSTHALLE

Der erste Direktor Alfred Lichtwark (1852–1914) kaufte insbesondere »Hamburger Kunst« und mit den Altären der Meister Bertram und Francke zwei einzigartige Werke mittelalterlicher Malerei. Dem Besucher präsentiert sich dazu eine Gemäldesammlung von der Spätgotik bis zur Gegenwart, Skulpturen des 19. und 20. Jh., antike Münzen, Plaketten und Medaillen seit der Renaissance. Glockengießerwall • S-/U-Bahn: Hauptbahnhof • www. hamburger-kunsthalle.de • Di–So 10–18, Do bis 21 Uhr • Eintritt 14 €

4 LANDUNGSBRÜCKEN

Zwischen Containerriesen kreuzen fünf Fähren am berühmten Wasserbahnhof: Sie bringen Arbeiter auf die Elbinseln oder Gäste nach Blankenese. Möwenschreie mischen sich mit den Rufen der Männer, die Touristen zur Tour einladen. U-Bahn: Landungsbrücken • www.stpauli-landungs bruecken.de

5 ST. MICHAELIS

Die Kirche mit dem 132 m hohen Turm grüßt die Seefahrer seit 1661 und ist das Wahrzeichen der Stadt. Von Hamburgern wird sie »Michel« genannt. Der Bau wurde 1750–1762 von den Architekten Johann Leonhard Prey und Ernst Georg Sonnin vollendet. Täglich um 10 und 21 Uhr wird vom Turm ein Choral in alle vier Himmelsrichtungen geblasen (sonntags um 12 Uhr). Englische Planke 1 • U-Bahn: Rödingsmarkt • www. st-michaelis.de

DIE ZEIT

FRAU MÖLLER

»Hanseatisch gemütliche Hausmannskost zu moderaten Preisen. Über den Namen wurde abgestimmt, der Laden wurde nach der Hündin des Besitzers benannt.« Lange Reihe 96 • Bus: Gurlittstraße • www.fraumoeller.com • Mo–Do 11.30-1, Fr 11.30–3, Sa 11–3, So 11–1 Uhr

6 WEDINA

Kaum ein Literat, der noch nicht in diesem Hotel gewohnt hat. Ob Mankell oder Saramago – allen hat's so gut gefallen, dass sie signierte Werke da ließen. Gäste lesen sie im Garten oder in den Zimmern des blauen Hauses mit den faksimilierten Originalhandschriften von Theodor Fontane bis Yoko Tawada. Zur Alster sind es zwei Minuten, doch das Personal ist nicht hanseatisch unterkühlt.
Gurlittstr. 23 • www.hotel wedina.de • 61 Zimmer

7 ALT HAMBURGER AALSPEICHER

In dem Lokal in der historischen Deichstraße kann man, das Nikolaifleet im Blick, typisch hamburgisch speisen. Spezialität: Aal, aber auch andere Fischgerichte.
Deichstr. 43 • www.aal speicher.de • tgl. 12–23 Uhr

8 BULLEREI

TV-Koch Tim Mälzer empfängt seine Gäste in einer denkmalgeschützten Viehhandelshalle auf Hamburgs historischem Schlachthofgelände im Schanzenviertel. Der Deli-Bereich bietet sich für die Mittags- oder Kaffeepause an. Im Restaurant wird abends junge norddeutsche und mediterrane Küche serviert.
Lagerstr. 34b • www.bullerei. com • Deli: tgl. ab 11 Uhr, Restaurant: tgl. ab 18 Uhr

9 OBERHAFEN-KANTINE

In der einstigen »Kaffeeklappe« für Hafenarbeiter gibt es heute preiswert Hausgemachtes wie Matjes und Labskaus. Die Atmosphäre ist herzlich wie das Haus schief: Es neigt sich 8,7°.
Stockmeyerstr. 39 • Di–Sa 12–22, So bis 17.30 • www. oberhafenkantine-hamburg.de

10 PETIT BONHEUR

Das Restaurant mit Bar im Pariser Bistro-Stil – rote Wände, Bilder in goldenen Rahmen, weiße Tischdecken – serviert feine französische Küche in entspannter Atmosphäre. Zur Speisekarte gibt es ein wechselndes monatliches Menü sowie ausgesuchte Weine.
Hütten 85–86 • www.petit-bonheur-restaurant.de • Mo–Fr 12–24, Sa 17–24 Uhr

11 ISEMARKT

Auf dem überdachten Mittelstreifen der Isestraße zwischen den Haltestellen Hoheluft und Eppendorfer Baum findet man neben Obst, Gemüse, Fleisch und Blumen auch Regenschirme und Damenslips, Knöpfe, Zwirn und Spielzeug. Achten Sie beim Klönschnack auf die teilweise sehr schönen Jugendstilfassaden der alten Häuser an der Isestraße.
Isestraße 1-73 • Di und Fr 9–14 Uhr

(i) HAMBURG HAUPT-BAHNHOF

➤ Hauptausgang Kirchenallee • tgl. 7–23 Uhr (auch Hotel-Nachweis)
➤ www.hamburg-tourism.de

Im Frühjahr ist es vor allem wegen der prachtvollen Obstblüte ein beliebtes Ausflugsziel – Apfelbäume und Deiche im Alten Land (Band »Ab ins Grüne« Seite 36).

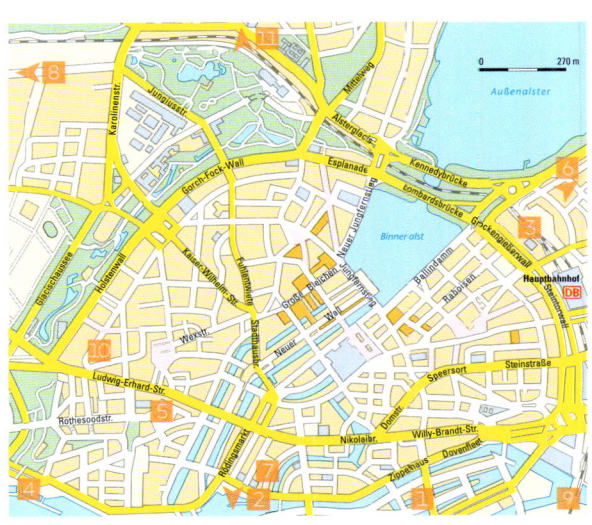

Köln   18

Dom, Rhein und Museum Ludwig sind die festen Konstanten im herzlichen Köln. Alles andere – die Restaurants und Kneipen der Altstadt und anderer »Veedel« – gilt es immer wieder neu zu entdecken.

◀ Am Ende der Kölner Tatorte ist oft die Wurstbraterei zu sehen.

4 SCHOKOLADENMUSEUM

Ein nie versiegender Schokoladenbrunnen, ansprechende Architektur und die publikumsträchtige Lage im Rheinauhafen machen es zum populärsten Museum der Stadt.
Am Schokoladenmuseum 1a • Straßenbahn: Heumarkt • www. schokoladenmuseum.de • Di– Fr 10–18, Sa, So 11–19 Uhr • Eintritt 11,50 €

5 KÖLNTRIANGLE/ DOMBLICK

Den wohl spektakulärsten Blick bietet die Open-Air-Plattform des Büroturms Köln-Triangle auf der 28. Etage (Eingang außen ca. 100 m Richtung Hohenzollernbrücke).
Ottoplatz 1 • U-/S-Bahn: Bf Deutz/Messe • www. koelntriangle-panorama.de • Mai–Sept. Mo–Fr 11–23, Sa, So und feiertags 10–23, Okt.–April Mo–Fr 12–20, Sa, So und feiertags 10–20 Uhr, Eintritt 3 €

1 DOM

Für das 157,38 m hohe, 144 m lange und 86 m breite Bauwerk wurden 300 000 Tonnen Stein verbaut. Wichtigstes Reliquiar ist der Dreikönigenschrein (1190–1220) mit den Gebeinen der Heiligen Drei Könige. Stephan Lochners »Altar der Stadtpatrone« (um 1445) hängt im südlichen Seitenschiff, an einem nahen Pfeiler steht die Mailänder Madonna, der Kölner Dombauhütte (1270–1290). Im Südquerhaus ist ein 20 m hohes Fenster Gerhard Richters zu sehen.
Domkloster 4 • U-/S-Bahn: Dom • www.koelner-dom.de
➤ Dom: Nov.–April tgl. 6–19.30, Mai–Okt. tgl. 6–1 Uhr, Besichtigung an Sonn- und Feiertagen nur 13–16.30 Uhr
➤ Domschatzkammer: tgl. 10–18 Uhr • Eintritt 6 €
➤ Turm: Sommer tgl. 9–18, Winter 9–16 Uhr • Eintritt 4 €

2 DUFTMUSEUM IM FARINAHAUS

Der Begriff »Eau de Cologne« wird weltweit mit Selbstverständlichkeit verwendet. Das Duftmuseum erzählt seine Geschichte. In diesem Haus hat 1708 der Italiener Johann Maria Farina das »Echt Kölnisch Wasser« komponiert.
Obenmarspforten 21 • Straßenbahn: Heumarkt • www.farinahaus.de • Mo–Sa 10–19, So 11–17 Uhr • Führung jede volle Stunde (45 Min.) ab 5 €

3 MUSEUM LUDWIG

Die herausragenden Kunstwerke des 20. und 21. Jh. gehen größtenteils auf Schenkungen des Mäzenehepaars Peter und Irene Ludwig zurück.
Heinrich-Böll-Platz • U-/S-Bahn: Dom/Hbf • www. museum-ludwig.de • Di–So 10–18, jeden 1. Do im Monat 10–22 Uhr • Eintritt 13 €

ALTSTADT (MARTINSVIERTEL)

Zu den Zeiten der Römer waren Teile der heutigen Altstadt eine Rheininsel. Mitte des 10. Jh. wurde der Flussarm zugeschüttet; dort entstand die heutige Altstadt. Urige Kneipen, kölsche Brauhäuser, Jazzlokale und Discos, lauschige Plätze, kleine Läden, romantische Brunnen und schmale Giebelhäuser finden sich hier.

6 ART'OTEL COLOGNE

Das coole Lifestyle-Hotel zeigt über 300 Werke der koreanischen Künstlerin SEO. Schöner Blick von der Dachterrasse zum Rheinauhafen, latino-asiatische Bar und Küche.
Holzmarkt 4 • www.artotels. com • 218 Zimmer

7 EXCELSIOR HOTEL ERNST

Eine gelungene Synthese aus Tradition und Moderne, die Größen wie Heinz Rühmann, Herbert von Karajan und Ingrid Bergman zu schätzen wussten. 1863 erbaut, direkt am Dom. Räume zwischen 25 und 160 m². Selbstverständlich verfügt das Hotel über ein First-Class-Restaurant, Boutiquen, einen Fitness- und Saunabereich.
Trankgasse 1 • www.excelsior hotelernst.com • 142 Zimmer

8 STADTGARTEN RESTAURANT

Der Stadtgarten – eine bekannte Jazzadresse – ist ein Klassiker: Der Biergarten mit 800 Plätzen zählt zu den schönsten in Köln und hat direkten Zugang zum Stadtgarten-Park. Im Sommer lässt sich hier wunderbar das schöne Wetter genießen, zur Adventszeit duftet es nach Glühwein und Gebäck, wenn der Stadtgarten-Weihnachtsmarkt seine Pforten öffnet.
Venloer Str. 40 • www.stadt garten.de • Mo–Do 12–1, Fr, Sa 12–2, So 10.30–1 Uhr, Biergarten tgl. 12–24 Uhr (wetterabhängig)

9 WARTESAAL AM DOM

Zu dem wunderschönen, original erhaltenen Bahnhofsrestaurant von 1915 gehören auch eine große Rundbar und eine Sommerterrasse, die einen Premiumblick auf den Dom bietet.
Johannisstr. 11 • www. wartesaalamdom.de • tgl. 12–0.30 Uhr, Brunch: So ab 12 Uhr

10 WURSTBRATEREI

Wer kennt nicht die Kölner Tatortkommissare und ihre Currywurstbude am Rhein. Wenn das Teil »filmfrei« hat, steht es am südlichen Ende des Rheinauhafens vor der Südbrücke und versorgt die Passanten mit Wurst & Co.
Rheinauhafen Südkai • Ostern–Okt. Di–So 11–20 Uhr

11 GERTRUDE 20

Leckere Schokolade, hochwertige Essige, erlesene Tees. Wenn es keinen Anlass gibt, dann sollte man unbedingt einen erfinden, um eine Weile in dem Geschenkeladen zu stöbern. Gut, um das passende Köln-Mitbringsel zu finden.
Gertrudenstr. 20 • www. gertrude20.de • Mo–Fr 10– 19, Sa 10–18 Uhr

ⓘ KÖLNTOURISMUS
➤ Kardinal-Höffner-Platz 1 • Mo–Sa 9–20, So, feiertags 10–17 Uhr
➤ www.koelntourismus.de

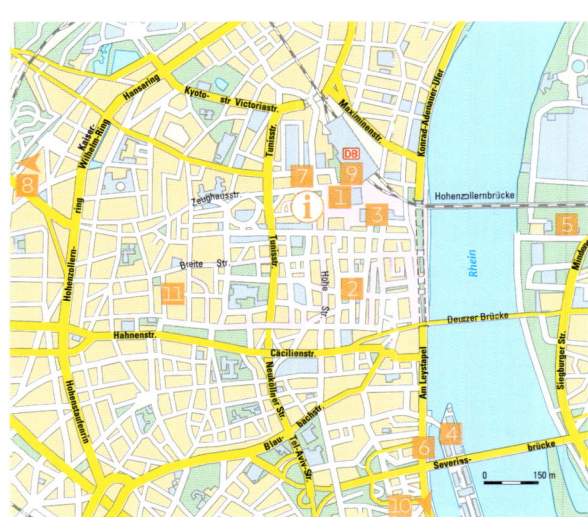

📖 *Ein ehemaliges Kurfürstenstädtchen, schmucke Bauten, moderne Museen und viele Grünflächen – ein Ausflug in die ehemalige Hauptstadt Bonn (Band »Ab ins Grüne« Seite 38).*

Berlin 19

Alle bummeln durch das Brandenburger Tor, steigen dem Reichstagsgebäude aufs Dach, erforschen die Museumsinsel und finden Überraschendes. In dem »Dorf der Welt« ist auch kulinarisch vieles möglich.

◄ Die Terrasse der Monkey Bar ist der Ort für einen Sundowner.

4 REICHSTAGSGEBÄUDE

1884–1894 als Symbol für das Deutsche Reich errichtet, lehnte der Kaiser die Inschrift »Dem deutschen Volke« erst als zu demokratisch ab, 1916 wurde sie zugefügt. Von der Weimarer Republik über Reichstagsbrand und Machtergreifung der Nationalsozialisten 1933 bis zur Hissung der Sowjetfahne 1945 stand das Gebäude im Zentrum deutscher Geschichte.
Platz der Republik • Bus: Reichstag/Bundestag • www.bundestag.de • Kuppel: tgl. 8–24 Uhr (nach Anmeldung)

5 HOLOCAUST-MAHNMAL

2711 Betonstelen auf 19 000 m²: Architekt Peter Eisenman schuf ein Denkmal für die sechs Millionen ermordeten Juden Europas im Zweiten Weltkrieg. Das Stelenfeld ist von allen Seiten 24 Stunden zugänglich.
Cora-Berliner-Str. 1 • S-Bahn: Brandenburger Tor • www.stiftung-denkmal.de • Eintritt frei, Führungen 4 €

1 BRANDENBURGER TOR

Als letztes von einst 14 Stadttoren war der klassizistische Bau aus Elbsandstein von 1961 bis 1989 Symbol der geteilten Stadt und seitdem das des wiedervereinigten Deutschlands. Das Brandenburger Tor öffnet sich zur preußischen Prachtstraße Unter den Linden.
Pariser Platz • S-Bahn: Brandenburger Tor • www.berlin.de

2 HACKESCHE HÖFE

1906/07 hatte ein Bauspekulant das Ensemble aus acht Höfen errichtet, das bis 1995 renoviert wurde. Der größte zusammenhängende Wohn- und Gewerbekomplex Europas ist ein Juwel der Architektur und ein lebendiges Denkmal der Stadt.
Rosenthaler Str. 40/41 • S-Bahn: Hackescher Markt • www.hackesche-hoefe.com, www.haus-schwarzenberg.org

3 MUSEUMSINSEL

Fünf Museen an einer Stelle: *Alte Nationalgalerie:* Gemälde des 19. Jh. *Altes Museum:* antike und klassische Kunst. *Bode-Museum:* ältere Plastik von Mittelalter bis 18. Jh. *Neues Museum:* Nofretete, Niobiden- und Römischer Saal, Museum für Vor- und Frühgeschichte und Troja-Sammlung. *Pergamonmuseum:* Pergamonaltar, Ischtar-Tor und Prozessionsstraße von Babylon. Der Saal mit dem Altar ist wegen Sanierungsarbeiten noch bis 2023 geschlossen, doch es gibt eine 3-D-Visualisierung.
Bodestr. 1–3 • S-Bahn: Hackescher Markt • www.smb.museum • Alte Nationalgalerie, Altes Museum, Bode-Museum, Pergamonmuseum: Di–So 10–18, Do bis 20 Uhr • Eintritt 10 €, Pergamonmuseum 12 € • Neues Museum: So–Mi 10–18, Do–Sa 10–20 Uhr • Eintritt 12 €

DIE ZEIT

KAFFEERÖSTEREI PAKOLAT
»Im Café Pakolat, einer alten Kaffeerösterei mit originaler Registrierkasse und Vintage-Möbeln, kann man in Prenzlauer Berg ein sagenhaftes Frühstück genießen.«
Raumerstraße 40 • Straßenbahn/Bus: Raumerstraße • www.kaffee-pakolat.de • Mo–Fr 10–19, Sa, So 10–18 Uhr

6 ADLON

Für viele in den 1920er-Jahren das schönste Hotel der Welt – **und für damalige Zeit atemberaubend modern.** Man blickt aus den Speisezimmern aufs Brandenburger Tor – und drinnen gelegentlich auf Neu-Berliner wie Udo Lindenberg. Unter den Linden 77 • www.hotel-adlon.de • 382 Zimmer

7 3 SCHWESTERN

Drei Schwestern servieren im ehemaligen Bethanien-Krankenhaus eine frische neudeutsche Küche in schlichten, hohen Räumen. Im Sommer sitzt man draußen im Grün des Gartens. Direkt am Haupteingang findet sich mit dem Ausgabefenster zum Mariannenplatz hin das Eiscafé Kleine Schwester. Mariannenplatz 2 • www.3schwestern-berlin.de • tgl. 12–1 Uhr

8 MARJELLCHEN

Hier wird eine deftige ostpreußische und schlesische Küche gepflegt. Also: Königsberger Klopse, Sauerampfersuppe, Schmandheringe, schlesisches Himmelreich mit Rauchfleisch, Beetenbartsch, Mohn- und Apfelklöß und noch vieles mehr. Mommsenstr. 9 • www.marjellchen-berlin.de • tgl. 17–23.30 Uhr

9 MONKEY BAR

Im 10. Stock des Hotels 25hours sitzt man bei tollen Cocktails der Gedächtniskirche gegenüber, und weiter hinten schimmert die Goldelse über dem Tiergarten. Drinnen sorgen die urbane, schicke Einrichtung und ein gut gemischtes Publikum für einen lässigen Abend in der Metropole. Budapester Str. 40 • www.25hours-hotels.com • tgl. 12–2 Uhr

10 ZUR LETZTEN INSTANZ

Berliner Gaststätte von 1621, man bestellt »Sühneversuch« oder »Kreuzverhör« und bekommt Eisbein oder Gulasch, benannt nach dem, was im nahen Stadtgericht geschah. Waisenstr. 14–16 • www.zurletzteninstanz.com • Mo–Sa 12–1, So 12–22 Uhr

11 BIKINI BERLIN

Eine Concept Mall, nur mit Liebhaber-, Design- und Lifestyle-Läden wie dem Pavillon des Gestalten Verlags. Mittendrin Pop-up-Stores, Holzboxen, in denen neue Produkte und Trends für einige Monate ausprobiert werden. Dazwischen Cafés, Eistheken, Bars und ein Panoramafenster mit Blick auf den Affenfelsen im Zoo, darüber eine Dachterrasse. Budapester Str. 38–50 • www.bikiniberlin.de • Shops und Boxen Mo–Sa 9–20.30 Uhr

 BERLIN INFO-STORES
➤ Brandenburger Tor • Pariser Platz, Süd • tgl. 9.30–18 Uhr
➤ Neues Kranzler-Eck• Kurfürstendamm 21/Passage • Mo–Sa 9.30–20, So 10–18 Uhr
➤ Hauptbahnhof • Eingang Europaplatz • tgl. 8–22 Uhr
➤ www.visitberlin.de

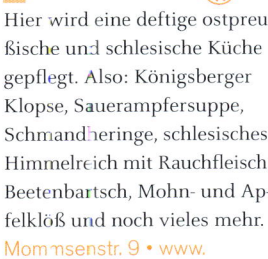

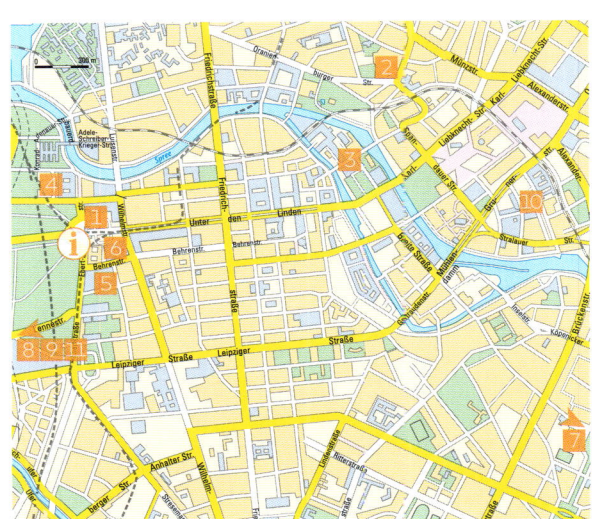

Majestätische Residenzen und Parks sowie verwegene Stunts in der Filmstadt – ein Ausflug nach Potsdam (Band »Ab ins Grüne« Seite 40).

Leipzig 20

Die Bachstadt hat neben ihrer tausendjährigen Geschichte viel zu bieten: Glanzvolle Bauten und eindrucksvolle Parkanlagen. Sogar das Lokal, in dem der junge Goethe gespeist hat, gibt es noch.

◄ Schon Goethe und Luther waren Gast in Auerbachs Keller.

1 NIKOLAIKIRCHE

Erstmals 1212 urkundlich erwähnt, besticht die Pfarrkirche durch Elemente aus Romanik, Gotik, Renaissance, Barock und Klassizismus. Die Montagsgebete in der Kirche stürzten Europas sozialistisches Regime.
Nikolaikirchhof 3 • Straßenbahn: Augustusplatz • www.nikolaikirche.de

2 NOTENSPUR

Leipzig ist die Stadt der Musik, mit keinem anderen Stückchen Erde sind so viele Komponisten verbunden: Wagner, Schumann, Mendelssohn, Reger, Grieg, Telemann, Lortzing, Janaček – Namen, die keine Vornamen brauchen. Die »Notenspur« ist ein 5,3 km langer Rundweg, der an ihre Wirkungsstätten führt. 23 Standorte mit erklärenden Schautafeln.
Start: Neues Gewandhaus • www.notenspur-leipzig.de

3 PANOMETER

Der Künstler Yadegar Asisi nutzt den alten Gasometer als Ausstellungsfläche für seine Panoramengemälde. Mit einem Umfang von 105 m und 35 m Höhe sind es die mächtigsten Rundgemälde der Welt.
Richard-Lehmann-Str. 114 • Straßenbahn: Richard-Lehmann-Straße • www.panometer.de • Mo–Fr 10–17, Sa, So 10–18 Uhr • Eintritt 10 €

4 VÖLKERSCHLACHT-DENKMAL

Das Monument erinnert an die mehr als 100 000 Opfer, die in der Völkerschlacht von 1813 vor Leipzig ihr Leben ließen. 91 m ragt das Denkmal in den Himmel, mehrere Hundert Stufen führen zur Aussichtsplattform. Im Unterbau befindet sich eine Krypta, darüber eröffnet sich die Ruhmeshalle mit vier Steinfiguren, die die »deutschen Tugenden« versinnbildlichen: Tapferkeit, Glaubensstärke, Volkskraft und Opferbereitschaft.
Str. des 18. Oktober 100 • S-Bahn: Völkerschlachtdenkmal • www.stadtgeschichtliches-museum-leipzig.de • Nov.–März tgl. 10–16, April–Okt. tgl. 10–18 Uhr • Eintritt 8 €

5 THOMASKIRCHE

Die Geschichte der Thomaskirche reicht bis ins 12. Jh. zurück. Erst im 15. Jh. erhielt sie ihr heutiges Aussehen als spätgotischer Hallenbau. Martin Luther hielt 1539 von der Kanzel seine flammende Festrede. Seit mehr als 800 Jahren ist sie Wirkungsstätte des Thomanerchors. 27 Jahre leitete Johann Sebastian Bach (1723–1750) die Ausbildung des Jungenchors. Zu Ehren des Komponisten steht auf dem Thomaskirchhof ein Denkmal.
Thomaskirchhof 18 • Tram: Thomaskirche • www.thomaskirche.org • tgl. 9–18 Uhr

---

ACADEMIXER

Beim bissigen, politisch-satirischen Ensemble-Kabarett im Keller des ehemaligen Messehauses Dresdner Hof ist Lachmuskeltraining garantiert. Mit scharfer Zunge und spitzem Humor treffen die Darsteller herrlich ehrlich den Nerv der Zeit.
Kupfergasse 2 • www.academixer.com • Gaststätte tgl. ab 18 Uhr

---

6 ARCONA LIVING BACH 14

Schlichte Eleganz und Elemente aus der Welt der Musik sind geschickt kombiniert. Noten einer Bach-Kantate an den Wänden und moderne Klangskulpturen, die gleichzeitig als Lichtquelle dienen, setzen zusätzlich Akzente. Einige der Apartments bieten einen schönen Blick auf Thomaskirche und Bachdenkmal. Weinwirtschaft mit Tapas und mediterraner Küche.

Thomaskirchhof 13/14 • www.bach14.arcona.de • 52 Zimmer und Apartments

7 AUERBACHS KELLER

Ihre Bekanntheit verdankt eine der ältesten Gaststätten Leipzigs Johann Wolfgang von Goethe, der in dem Kellergewölbe in der Mädler-Passage zum »Faust« inspiriert wurde. Deftige gut-bürgerliche Küche mit sächsischem Einschlag.

Grimmaische Str. 2–4 • www.auerbachs-keller-leipzig.de • Großer Keller: tgl. 12–22 Uhr; Historische Weinstuben: Mo–Sa 18–22 Uhr

8 HANDBROTZEIT

Den freundlichen Service genießen und ein knuspriges Handbrot probieren. Ob gefüllt mit Käse und Schinken oder das Wochenspezial – jede Variante begeistert. Während man sich glücklich isst, kann man durch die Front oder draußen das Treiben auf der Nikolaistraße beobachten.

Nikolaistr. 12–14 • www.handbrotzeit.de • Mo–Sa 9.30–19 Uhr

9 MAÎTRE

In dem Kaffeehaus mit Patisserie scheint die Zeit stehen geblieben zu sein: Seit mehr als 100 Jahren gehören Kaffee und Kuchen im Maître zur gern gepflegten Tradition.

Karl-Liebknecht-Str. 62 • www.cafe-maitre.de • Mo–Fr 8–24, Sa 9–24, So 9–18 Uhr

10 STELZENHAUS

Passend zum Namen thront es hoch über dem Karl-Heine-Kanal und überzeugt mit innovativer und frischer Crossover-Küche. Die Tische mit direktem Ausblick aufs Wasser sind äußerst beliebt.

Weißenfelser Str. 65h • www.stelzenhaus-restaurant.de • Mo, Di 11–15, Mi–Sa 11–1, So 9–1 Uhr

11 RÖSTGUT

Das Kleinod auf dem Gelände der alten Zelluloidfabrik zieht Kaffeeliebhaber aus der ganzen Stadt an. Mit aromatischen Sorten aus Indonesien, Guatemala oder Sri Lanka in der Tasse lässt sich gut über die Welt der Bohne fachsimpeln.

Holbeinstr. 29 • www.roestgut.de • Mo–Sa 12–18 Uhr

AUSKUNFT

➤ Tourist-Information • Katharinenstr. 8 • Mo–Fr 9.30–18, Sa 9.30–16, So 9.30–15 Uhr
➤ Leipzig Tourismus und Marketing GmbH • Augustusplatz 9
➤ www.leipzig.travel

 Gartenkunst vor den Toren der Stadt – ein gemütlicher Rundgang durch den agra-Park (Band »Ab ins Grüne« Seite 42).

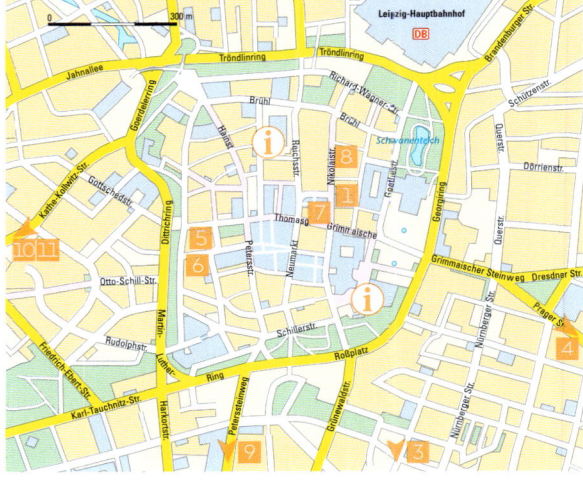

Dresden 21

»Elbflorenz« nannte der Philosoph Herder die Stadt, Goethe sprach von einem »Heiligtum«. Bei einem Besuch gibt es viel zu entdecken. Dresden glänzt mit grandioser Architektur von Barock bis Avantgarde.

◄ Im Schillergarten kann man sein »Blaues Wunder« erleben.

4 GEMÄLDEGALERIE ALTE MEISTER

Meisterwerke europäischer Malerei des 14. bis 18. Jh.: Zu den bekanntesten Bildern der Galerie gehören Raffaels »Sixtinische Madonna«, Tizians »Zinsgroschen«, Vermeer van Delfts »Bei der Kupplerin« sowie Rembrandts »Selbstbildnis mit Saskia«.
Theaterplatz 1 (im Zwinger) • Straßenbahn: Theaterplatz • www.skd.museum • Di–So 10–18 Uhr • Eintritt 12 €

1 BRÜHLSCHE TERRASSE

»Balkon Europas« wird die 600 m lange Anlage genannt, weil sich von ihr ein wunderschöner Blick auf Elbe und Neustadt bietet. Eine breite Freitreppe, geschmückt von der bronzenen Skulpturengruppe »Die vier Tageszeiten«, führt vom Schlossplatz zur Terrasse, die ihr Aussehen mit imponierenden Bauwerken und Denkmälern Ende des 19. Jh. erhielt.
Terrassenufer, Eingang Georg-Treu-Platz 1 • Straßenbahn: Theaterplatz

2 FRAUENKIRCHE

Aus Trümmern ist die Frauenkirche, Sachsens bedeutendste protestantische Kirche, wiederaufgebaut. Beim Bombardement in der Nacht zum 14. Februar 1945 verschonte der Feuersturm auch sie nicht, die düstere Ruine blieb jahrzehn-

telang stehen, als Mahnmal gegen Krieg und Zerstörung. 2004 reihte sich die mächtige Kuppel wieder ein in die Silhouette der Altstadt.
Neumarkt • Straßenbahn: Altmarkt • www.frauenkirche-dresden.de • Mo–Fr 10–12, 13–18 Uhr, Sa, So eingeschränkt • Eintritt frei • Führungen Mo–Fr 12, Mo–Mi, Fr 18 Uhr, ca. 5 € • Kuppelaufstieg März–Okt. Mo–Sa 10–18, So 12.30–18, Nov.–Feb. bis 16 Uhr, 8 €

3 ZWINGER

Das Meisterwerk barocker Baukunst gehört zu den berühmtesten Bauten Europas. Matthäus Daniel Pöppelmann schuf die Anlage (1709–1732), die Fülle plastischen Schmucks stammt von Balthasar Permoser.
Theaterplatz • Straßenbahn: Theaterplatz • www.der-dresdner-zwinger.de • Eintritt frei

5 SEMPEROPER

Die kolossale Fassade des Sandsteinbaus öffnet sich in der Mitte in eine tiefe halbrunde Exedra mit dem prächtigen Eingangsportal. Über üppig verzierte Foyers und prunkvoll ausgestattete Vestibüle gelangt man in den Zuschauerraum.
Theaterplatz 2 • Straßenbahn: Theaterplatz • www.semperoper.de • Führungen unter www.semperoper-erleben.de ab 11 €

DIE ZEIT

RASKOLNIKOFF
»In Dresden ist das Raskolnikoff ein toller Ort, um im Garten ein paar leckere Drinks zu sich zu nehmen und die frisch zubereitete ›Ost-Küche‹ zu erkunden.«
Böhmische Str. 34 • Straßenbahn: Görlitzer Straße • www.raskolnikoff.de

6 DORINT
Modernes Hotel fußläufig zur Frauenkirche, das auch anspruchsvolle Gäste zufriedenstellt. Schön ist die große Badelandschaft mit Innenpool.
Grunaer Str. 14 • www.dorint.com/dresden • 244 Zimmer

7 STEIGENBERGER DE SAXE
Komfort und guter Service, dazu eine tolle Lage: Das Haus liegt direkt an der Frauenkirche und auch Schloss, Zwinger und Brühlsche Terrasse befinden sich in Laufweite.
Neumarkt 9 • www.desaxe-dresden.steigenberger.de • 192 Zimmer

8 KUNST-CAFÉ ANTIK
An der Decke, den Wänden, in vielen Vitrinen, die selbst antik sind, befinden sich historische Gegenstände. Während man aufs Essen wartet, lässt sich alles in Ruhe betrachten. Gefällt etwas, kann es auch gekauft werden.
An der Frauenkirche 5 (Eingang Terrassengasse) • www.cafe-dresden.de • tgl. 11–22.30 Uhr

9 LUISENHOF
Wunderschön außerhalb am Loschwitzer Elbhang gelegen und wegen seines Panoramas auch gerne »Balkon Dresdens« genannt. Viele Gäste kommen aber natürlich auch wegen der guten Küche hierher.
Bergbahnstr. 8 • www.luisenhof.org • Mo–Sa 11–24, So 10–24 Uhr

10 SCHILLERGARTEN
Schöner Biergarten mit Blick auf die Elbe. Schiller soll während seiner Zeit in Dresden Stammgast gewesen sein. Serviert wird gute bodenständige Küche in mittlerer Preislage. Schillerplatz 9 • www.schillergarten.de • tgl. 11–1 Uhr

11 SOPHIENKELLER
In den Gewölben des Sophienkellers im Taschenbergpalais findet sich der Gast im Zeitalter von August dem Starken wieder. Zur deftigen sächsischen Küche werden Bier und Wein aus Sachsen getrunken. Gaukler, Musikanten, Wahrsager sorgen für Unterhaltung.
Taschenberg 3 • www.sophienkeller-dresden.de • tgl. 11–1 Uhr

12 WEIHNACHTSLAND AM ZWINGER
Im Weihnachtsland kann man Weihnachten das ganze Jahr über genießen. Schöne und vor allem echte Volkskunst aus dem Erzgebirge wird von mehr als 80 Handwerksbetrieben dargeboten.
An der Frauenkirche 5 • www.weihnachtsland-dresden.com • Mo–Sa 9–19, So 9–18 Uhr

(**i**) AUSKUNFT
➤ Neumarkt 2 (im QF-Quartier an der Frauenkirche) • Mo–Fr 10–19, Sa 10–18, So 10–15 Uhr
➤ Hauptbahnhof (in der Kuppelhalle) • tgl. 8–20 Uhr
➤ www.dresden.de

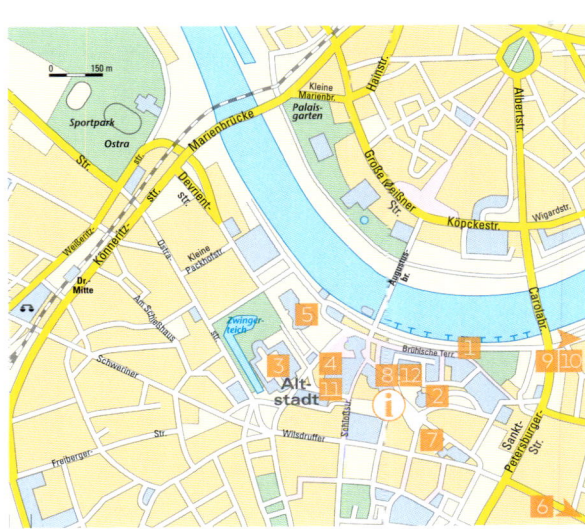

Meißen kennt die Welt durch das Porzellan mit den blauen Schwertern – ein Ausflug in die Porzellanstadt Meißen (Band »Ab ins Grüne« Seite 44).

München 22

Die ehemalige Residenz der Wittelsbacher hat viel zu bieten: prunkvolle Bauten und Straßen, Pinakotheken und die Brauereien mit dem süffigen Bier, das man gerne in einem Biergarten genießt.

◄ Nicht nur das Interieur der Goldenen Bar ist beeindruckend.

Bronzestatue der Muttergottes, Patrona Boiariae aus dem Jahr 1616. Das linke Portal gibt den Blick in den Kaiserhof frei, das rechte in den Brunnenhof mit dem Wittelsbacher Brunnen. Vor dem Hofgarten befindet sich der Festsaalbau, darin der Herkulessaal. Im Süden der Königsbau, den sich Ludwig I. als seine Residenz gestalten ließ. Residenzstr./Max-Joseph-Platz 2 • U-Bahn: Odeonsplatz • www.residenz-muenchen.de • Eintritt (Gesamtkarte) 13 €

1 ALTSTADT

Die Altstadt bietet eine Fülle an Sehenswürdigkeiten: die Peterskirche, deren Turm man besteigen kann, das Erzbischöfliche Palais, die Einkaufstempel der Maximilianstraße, die Asamkirche, für viele die schönste Rokokokirche. Von dort ist es nicht weit zum Jakobsplatz mit Jüdischem Zentrum und Synagoge. Zwischen Isartor, Sendlinger Tor, Karlstor und Odeonsplatz (S-/U-Bahn entsprechend)

2 ENGLISCHER GARTEN

Münchens viel geliebte »grüne Lunge« entstand im 18. Jh. aus der Idee, einen Volkspark in der Art englischer Landschaftsgärten anzulegen. Die auffälligsten Bauten sind Chinesischer Turm, Monopteros und Japanisches Teehaus. Am Eisbach surfen Wagemutige auf einer stehenden Welle. Eisbachsurfer: Prinzregentenstr. • Zugänge zum Englischen Garten: U-Bahn-Stationen Universität, Giselastr., Münchner Freiheit

3 LENBACHHAUS

Der Landpalazzo im florentinischen Stil, den sich der Malerfürst Franz von Lenbach Ende des 19. Jh. von Gabriel von Seidl errichten ließ, wird seit 2013 von einem Erweiterungsbau des britischen Weltstars Sir Norman Foster ergänzt. Die Sammlung umfasst Werke Münchner Maler vom Mittelalter bis zur Gegenwart. Luisenstr. 33 • U-Bahn: Königsplatz • www.lenbachhaus.de • Di 10–20, Mi–So 10–18 Uhr • Eintritt 12 €

4 RESIDENZ

An der Residenzstraße steht zwischen den beiden Portalen der Renaissancefassade die

5 DEUTSCHES MUSEUM

Auf 45 000 m² wird »Technik zum Anfassen« geboten. Ein kompletter Rundgang wäre 17 km lang! Bergwerk, Planetarium, das erste deutsche U-Boot sowie das Foucaultsche Pendel sind bekannte Exponate. Museumsinsel 1 • S-Bahn: Isartor, Tram: Deutsches Museum • www.deutsches-museum.de • tgl. 9–17 Uhr • Eintritt 11 €, Kombiticket (mit Verkehrszentrum und Flugwerft) 16 €

DIE ⚫ ZEIT

GRATITUDE EATERY

»Im Gratitude Restaurant gibt es ungewöhnliche, frische vegane Speisen (ohne Saitan und Tofu), oft mit essbaren Blüten dekoriert. Die Preise sind etwas gehoben und man sollte unbedingt reservieren.« Türkenstraße 55 • Bus: Türkenstraße • www.gratitude-restaurant.de • Di–So 18–23 Uhr

6 MARIANDL

Das Haus fällt ins Auge: Neugotik in Sandstein, mit Türmchen, Erkern und Ornamentsimsen. Das Café, seit 1899 in Betrieb, ist zugleich die Rezeption. In den Zimmern stehen unter hohen Stuckdecken Antiquitäten, nach Ästhetik kombiniert, nicht nach Stilen und Epochen: So ernst nimmt man die Geschichte hier nicht. Manche Zimmer haben eine Loggia zum Innenhof, andere einen Erker, in dem frei die Badewanne steht, manche bieten auf 40 Quadratmetern Platz für eine ganze Familie!
Goethestraße 51 • www.hotel mariandl.de • 28 Zimmer

7 CONVIVA IM BLAUEN HAUS

Zur Hälfte die Theaterkantine der Münchner Kammerspiele, aber auch ein Gastronomie-Projekt, bei dem Menschen mit und ohne Behinderung zusammenarbeiten. Leichte und frische Küche.
Hildegardstr. 1 • www.convivamuenchen.de • Mo–Sa 11–1, So 17–1 Uhr

8 GOLDENE BAR

Aufmerksamer Service und eine nette Crew, eine kleine Mittagskarte, abends tolle Cocktails und an Sommersonntagen auf der herrlichen Terrasse direkt am Englischen Garten den »Sundowner« – mit Grillen, Pingpong und Freiluft-DJ. Nicht zuletzt ein schickes Interieur, das dem Namen alle Ehre macht.
Prinzregentenstr. 1 • www. goldenebar.de • Mo–Sa 10–2, So 10–20 Uhr

9 KÖNIGLICHER HIRSCHGARTEN

Unweit von Schloss Nymphenburg liegt Bayerns größter Biergarten, den es seit 1791 gibt. Er bietet 8000 Sitzplätze unter Schatten spendenden Kastanien, das Restaurant ist ganzjährig geöffnet. Hier wie da labt man sich an zünftigen Brotzeiten und süffigen Augustiner-Bieren. Das angrenzende Wildgehege erfreut nicht nur Kinder. Und jeden Juli findet im Hirschgarten das neuntägige Magdalenenfest statt.
Hirschgarten 1 • www.hirsch garten.de • warme Küche: tgl. 10–24 Uhr

10 DALLMAYR

Hinter blitzblanken Vitrinen und in edlen Holzregalen locken appetitliche Pralinen, hausgemachte Marmeladen und köstlich-bunte Sandwiches. Exzellenten Kaffee gibt es in Münchens ältestem Feinkosthaus auch im Bistro mit Blick zur Frauenkirche.
Dienerstr. 14–15 • www.dall mayr.de • Mo–Sa 9.30–19 Uhr

(i) AUSKUNFT

➤ Am Hauptbahnhof, Bahnhofsplatz 2 • Mo–Sa 9–20, So 10–18 Uhr
➤ Am Marienplatz, im Neuen Rathaus • Mo–Fr 9.30–19.30, Sa 10–16, So 10–14 Uhr
➤ www.muenchen-tourister information.de

Nicht nur die Münchner zieht es im Sommer ins Fünfseenland – Tagesausflug rund um den Starnberger See (Band »Ab ins Grüne« Seite 46).

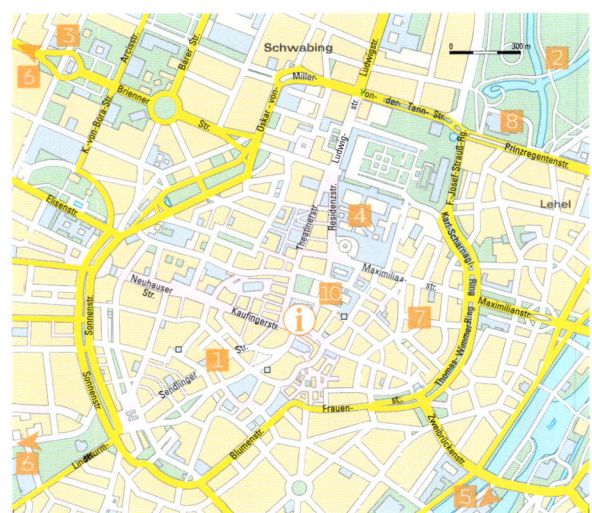

Bodensee 23

Die Bodensee-Region ist eine Ferienlandschaft mit vielen Gesichtern. Wer den See mit Aufenthalten in Konstanz, Friedrichshafen und Lindau quasi halb umrundet, bekommt schon einiges zu sehen.

◄ See, sehen und gesehen werden in der Hafenhalle Konstanz.

4 KONSTANZER MÜNSTER
Der karolingische Bau wurde im Jahr 1000 erbaut, stürzte jedoch nach 52 Jahren wieder ein. Der romanische Neubau hielt länger und wurde über die ursprüngliche Krypta aus dem 9. Jh. gestellt. An dem Gotteshaus sind zahlreiche Baustile ablesbar.
Konstanz • Münsterplatz 1 • Münsterturm: Münsterplatz 4 • Mo–Sa 10–17, So 12.30–17 Uhr • Eintritt 2 €

5 PFAHLBAUMUSEUM UNTERUHLDINGEN
Eines der größten Freilichtmuseen Europas. Ein Rundgang von etwa 30 Min. Dauer erläutert das Alltagsleben am Bodensee in der Stein- und Bronzezeit näher. Die Museumshäuser sind mit Holzstegen über dem Wasser verbunden.
Unteruhldingen • Strandpromenade 6 • www.pfahlbauten.de • April–Sept. tgl. 9–18.30 Uhr, Okt.–März variabel • Eintritt 9 €

1 BURG MEERSBURG
Unter dem Merowinger Dagobert I. im 7. Jh. erbaut, war die Burg Sommerresidenz der Konstanzer Bischöfe und Arbeitsplatz der Schriftstellerin und Lyrikerin Annette von Droste-Hülshoff. Die Gemäuer haben sich alle Zutaten einer Burg bewahrt: vom Rittersaal über unterirdische Tunnel und Türme bis zur Folterkammer.
Meersburg • Schlossplatz 10 • www.meersburg.com • März–Okt. tgl. 9–18.30, Winter 10–18 Uhr • Eintritt 9,50 €

2 LINDAUER HAFEN
Am Lindauer Hafen, wo Fähren an- und ablegen, ist maritime Stimmung garantiert. Der Löwe aus 50 Tonnen Sandstein blickt von der Ostmole auf den See. Gegenüber erhebt sich der rund 35 m hohe neue Leuchtturm, der 1856 den Betrieb aufnahm. Besucher, die die 139 Stufen auf sich nehmen, werden oben mit einem Rundblick belohnt. An der Hafeninnenseite wartet der Mangturm, der bereits im Jahr 1230 errichtete alte Leuchtturm. Sein markanter Helm aus bunt glasierten Ziegeln kam im 19. Jh. hinzu.
Lindau • Seepromenade

3 ZEPPELIN-MUSEUM FRIEDRICHSHAFEN
Wer heute das Museum betritt, kann die Faszination der Zeppeline gut nachvollziehen. 1500 Exponate auf 4000 m² bilden die weltgrößte Sammlung zur Luftschifffahrt und zeichnen ihre Geschichte nach. Für das Museum wurden Teile des 1937 verunglückten Luftschiffs »Hindenburg« in Originalgröße nachgebaut.
Friedrichshafen • Seestr. 20 • www.zeppelin-museum.de • Mai–Okt. tgl. 9–17, Winter Di–So 10–17 Uhr • Eintritt 8 €

DIE ZEIT
FÜRSTENHÄUSLE
»Das winzige ›Fürstenhäusle‹ von Annette Droste-Hülshoff liegt mitten in den Weinbergen und bietet einen grandiosen Blick über den See. Eine verträumte Dichterklause, wo man ›Annetten‹ gut verstehen kann.«
Meersburg • Stettener Straße 11 • www.fuerstenhaeusle.de

6 ABC HOTEL GARNI

Das Hotel liegt in einem Wohngebiet, ist per Bus aber gut an die Altstadt angebunden. Hohe Räume, teils mit Kochnische. Morgens wartet ein Frühstücksbüfett. Freies Parken, Lounge mit Spielecke, Tischkicker und Billard.
Konstanz-Petershausen • Steinstr. 19 • www.abc-hotel. de • 29 Zimmer

7 HOTEL HELVETIA

Hier können die Gäste nicht nur am, sondern auch auf dem Bodensee nächtigen: in Jachten. Die liegen vor dem Hotel im Hafen, Bootsgäste können auch Sauna und Dachterrasse des Hotels nutzen. Dort bietet der Infinity-Pool einen Panoramablick auf Hafen und Alpen.
Lindau • Seepromenade, Inselgraben 3 • www.hotel-helvetia.com • 43 Zimmer

8 HAFENHALLE KONSTANZ

Wild aus eigener Jagd, Bodenseefisch und saisonale Leckereien tischt die Hafenhalle auf. Vom großen Biergarten blickt man zum Bodensee, das Jahr hindurch locken immer wieder große Veranstaltungen viel Publikum an.
Konstanz • Hafenstr. 10 • www.hafenhalle.com • So–Do 10–1, Fr, Sa 10–2 Uhr

9 SCHLOSSCAFÉ

Im Barockschloss auf Mainau befindet sich ein nettes, kleines Café. Hier werden Kuchen, Torten und Eis aus regionaler Herstellung sowie Kaffee- und Teespezialitäten aus aller Herren Länder serviert. Aus der Edelbrennerei der Insel stammen die Brände und Liköre.
Insel Mainau • www.mainau. de • tgl. 11–17 Uhr

10 WISSINGERS IM SCHLECHTERBRÄU

Die moderne Küche überzeugt mit ehrlichem Handwerk: vom Bierkutscherbraten bis zum Wiener Schnitzel vom Allgäuer Milchkalb.
Lindau • In der Grub 28 • www.wissingers.de • Mi–Mo 11.30–14, 17.30–24 Uhr

11 ZUM BÄREN

Bereits seit dem 13. Jh. wird hier aufgetischt. Auch heute lässt man sich noch in der guten Stube die oberschwäbischen Spezialitäten schmecken.
Meersburg • Marktplatz 11 • www.baeren-meersburg.de • Mitte März–Anfang Nov. Di– So 12–14, 18–21 Uhr

12 EDELBRENNEREI GIERER

Handverlesene Früchte und ein enthusiastischer Destillateur Robert Gierer tüftelt an Edelbränden und stellt Liköre nach altem Familienrezept her – mit wunderbar intensiven Aromen.
Lindau-Bodolz • Auf der Egg 1–3 • www.gierer.li

(i) INTERNATIONALE BODENSEE TOURISMUS GMBH

➤ Konstanz, Hafenstr. 6
➤ www.bodensee.eu

Wer den perfekten Mix aus Kultur, Stadtleben und Erholung sucht, ist hier genau richtig: Ausflug nach St. Gallen (Band »Ab ins Grüne« Seite 48).

Zürich 24

Zürich ist am See und in den Muränenhügeln fantastisch gelegen. Die historische Altstadt, Kunst und Kultur, die Seebäder, fürstliches Speisen und luxuriöses Einkaufen – für Abwechslung ist gesorgt.

1 GROSSMÜNSTER

Wer die Kirche durch das Hauptportal betritt, ist erstaunt über die Schlichtheit des wuchtigen Kirchenschiffs – ein Ergebnis der Reformation: Als Huldrych Zwingli hier 1519–1531 predigte, ließ er alles, was der Kirche Glanz verlieh, entfernen.
Grossmünsterplatz • Tram: Helmhaus • www.grossmuenster.ch • Kirche Mo–Sa 10–17, So 12.30–17, Turm: Mo–Sa 10–16.30, So 12.30–16.30 Uhr

2 LINDENHOF

Der Ausblick ist wunderbar, das wusste schon Goethe, denn er verbrachte »den Rest des Morgens unter den hohen Linden auf dem ehemaligen Burgplatz«, das war 1797. Ein Jahr später wurde hier die Helvetische Verfassung beschworen. Die Römer hatten 15 v. Chr. eine Zollstation

errichtet, später ein Kastell, das als »Urzelle« der Stadt gilt. Nach Gründung eines Frauenklosters im 9. Jh. entstand eine Pfalz, die den deutschen Kaisern als Residenz diente.
Lindenhof • www.zuerich.com • Tram: Rennweg

3 SEE- UND FLUSSBADIS

Der Besuch von Badis ist für die Zürcher fester Bestandteil des sommerlichen Lebens. Fünf Bäder liegen am Seeufer, vier am Fluss, alle mehr oder weniger zentral. Sie verwandeln sich bei Sonnenuntergang in Locations mit Barbetrieb, Tanzfläche, Kino, Theater u. v. m.
www.badi-info.ch

4 KUNSTHAUS

Eine beachtliche Sammlung internationaler Kunst: Gemälde des niederländischen und italienischen Barock, Schweizer Malerei des 19. und 20. Jh.,

◀ Belesene gehen in die Widder Bar mit der »Library of Spirits«.

eine einzigartige Sammlung des Werks von Alberto Giacometti, eine Dokumentation der Dada-Bewegung, eine bedeutende Fotosammlung, aber auch Werke von Monet, Picasso, Munch, Beckmann, Kokoschka und Baselitz.
Heimplatz 1 • Tram: Kunsthaus • www.kunsthaus.ch • Di, Fr–So 10–18, Mi, Do 10–20 Uhr • Eintritt 15 SFr

5 SPIEGELGASSE

Eine geschichtsträchtige Gasse: Gleich zu Beginn (Nr. 1) befand sich die Holländische Meierei, hier wurde das Cabaret Voltaire im Jahr 1916 gegründet. Im Haus zum Waldries (Nr. 11) besuchte Goethe den Gelehrten Johann Kaspar Lavater. Im Haus Nr. 12 starb 1837 der Dramatiker Georg Büchner, und in Nr. 14 wohnte vom Februar 1916 bis zum April 1917 Lenin und schrieb hier an seinem »Imperialismus als höchstes Stadium des Kapitalismus«.
Tram: Rathaus

DIE 🕙 ZEIT

FOXTRAILS

»Wer Spaß an Escape Rooms hat, für den werden die privat buchbaren Foxtrails eine abwechslungsreiche Art sein, Zürich zu erkunden. Die Routen und Rätsel quer durch die Stadt sind sehr gut durchdacht und immer wieder überraschend!«
www.events.foxtrail.ch

6 HOTEL GREULICH

Die Zimmer und Junior-Suiten des Designhotels findet man in einem stillen Hinterhof. Sie sind sehr hell, funktional und modern: puristisches Design und entspannte Gemütlichkeit mitten im quirligen Trendviertel. Schön ist auch die Sommerterrasse des Restaurants.
Hermann-Greulich-Str. 56 • www.greulich.ch • 18 Zimmer

7 LE DÉZALEYE

Hier gibt es besonders köstliches Fondue. Auch weitere Schweizer und Waadtländer Spezialitäten wie Zürcher Geschnetzeltes, Krautwürste oder die Eglifilets sind ein wahrer Genuss, von dem viele der Gäste schwärmen. Das Haus existiert seit dem 13. Jh., seit 1902 das Restaurant Dézaley.
Römergasse 7/9 • www.le-dezaley.ch • Küche Mo–Sa 11.30–14, 17.30 bis 23 Uhr

8 MAISON MANESSE

Die wohl kleinste Menükarte Zürichs bietet Außergewöhnliches, zubereitet vom Australier Fabian Spiquel. Er hat Lust auf Experimente und erweist sich als Meister der Nuancierung. Seine avantgardistische Küche provoziert ungewöhnliche Geschmackserlebnisse, die im Gedächtnis bleiben. Die ambitionierte Weinkarte vereint auserlesene Tropfen und Raritäten kleiner Winzer.
Hopfenstr. 2/Am Manesseplatz • www.maisonmanesse.ch • Mo–Fr 12–14 • Di–Sa ab 18.30 Uhr

9 STERNEN GRILL

Ob in der Opernpause, beim Shopping oder beim Warten auf die Tram: Am legendären Imbiss an der Zürcher Bellevue trifft man sich schon seit 1963 von vormittags bis nachts auf die einzigartige St. Galler Bratwurst mit ultrascharfem Senf und knusprigem Bürli.
Theaterstr. 22 • www.sternengrill.ch • tgl. 10.30–23.30 Uhr

10 WIDDER BAR

Jazzkonzerte bekannter Größen finden im Frühjahr und Herbst in der Bar im Widder-Hotel statt. Durch einen separaten Eingang betritt man die Bar und steht vor der »Library of Spirits«: 1000 Flaschen und eine riesige Auswahl an Single Malts »stapeln« sich im Regal hinter dem Tresen. Die Bar selbst ist schick eingerichtet mit roten Ledermöbeln und alten Holzbalken.
Widdergasse 6 • www.widderhotel.com • So–Mi 11.30–1 Do–Sa 11.30–2 Uhr

11 SCHWEIZER HEIMATWERK

Traditionelles wie Spiele aus Holz, Schnitzereien und Stickereien, aber auch modernes Schweizer Design
Bahnhofstr. 2 • www.heimatwerk.ch Mo–Fr 9–20, Sa 9–18 Uhr

(i) ZÜRICH TOURISMUS
➤ Hauptbahnhof • Mai-Okt. Mo–Sa 8–20.30, So 8.30–18.30, Nov.–April Mo–Sa 8.30–19, So 9–18 Uhr
➤ www.zuerich.com

 Auf 873 m Höhe ein atemberaubendes Panorama genießen – Ausflug zum Uetliberg (Band »Ab ins Grüne« Seite 50).

Genfer See 25

Dem kosmopolitischen Genf merkt man die Nähe zu Frankreich an. Nicht minder edel gibt sich die Nord-küste um Montreux und Vevey. Im Lavaux östlich von Lausanne wächst Wein von Weltklasse.

1 FLON, LAUSANNE

Im südlichen Zentrum von Lausanne liegt das Flon, einst war es ein Flusstal, heute ist es ein pulsierendes Trend-viertel. Alte Lagerhallen mit moderner, großflächiger Verglasung sorgen für eine kreative Atmosphäre. Auf der Esplanade du Flon, Zentrum des Viertels, finden regelmäßig Veranstaltungen statt.
Lausanne • Rund um den Bahnhof Flon • www.flon.ch

2 WEINTERRASSEN DES LAVAUX

Vor gut 900 Jahren haben Mönche die Terrassen in mühevoller Arbeit angelegt. Das Ziel der Einheimischen ist es, dieses Erbe zu erhalten: Seit bis zu 17 Generationen bestellen die ca. 250 Winzer ihre Rebfläche, alle anderen können in der herrlichen Umgebung wandern, Rad fahren und natürlich die Früchte der Arbeit der Weinbauern kosten.
Zwischen Lausanne und Vevey • www.lavaux.ch

3 MAMCO, GENF

Das Musée d'Art Moderne et Contemporain (MAMCO) ist das größte und jüngste Schwei-zer Museum für moderne und zeitgenössische Kunst. Mit sei-ner Sammlung von 4000 zum Teil bekannten Kunstwerken, von denen sich ein Drittel im Eigenbesitz des Museums befindet, genießt es internatio-nalen Ruf.
Genf • Rue des Vieux-Grena-diers 10 • www.mamco.ch • Di–Fr 12–18, Sa, So 11–18 Uhr • Eintritt 15 SFr

4 NOTRE-DAME, LAUSANNE

Auch wenn die Kathedrale Notre-Dame des Öfteren

◀ Den Charme der 1950er-Jahre versprüht das Café Romand.

»kränkelt« und ihr weicher Sandstein immer wieder behan-delt werden muss, entschädigt ihre gotische Pracht mit der berühmten Fensterrose sowie mit dem Glockenturm und dessen 6,5 t schweren Glocke namens Maria Magdalena.
Lausanne • Place de la Cathédrale 13 • www.lausanne-tourisme.ch • Okt.–März tgl. 9–17.30, April–Sept. tgl. 9–19 Uhr • Eintritt Turm 5 SFr

5 SCHLOSS CHILLON

»Chillon! Dein Gefängnis ist ein heiliger Ort«, schrieb der Dichter Byron, der dem hier eingekerkerten François Boni-vard ein literarisches Denkmal setzte. Heute ist die Felsinsel im Genfer See, auf der das Schloss Chillon seit dem 12. Jh. steht, ein paradiesischer, wenn auch viel besuchter Ort.
Veytaux • Avenue de Chillon 21 • www.chillon.ch • April–Sept. 9–19, März, Okt. 9.30–18, Nov.–Feb 10–17 Uhr • Eintritt 12,50 SFr

---

DIE ZEIT

BAINS DES PÂQUIS

»In Genf kann man wunderbar im alten Schwimmbad Bains des Pâquis essen, Wein trinken und die Atmosphäre genießen. Und die Preise sind für die Schweiz sogar moderat.«
Genf • Quai du Mont-Blanc 30 • www.bains-des-paquis.ch • tgl. 7–23 Uhr

6 DOMAINE DE CHÂTEAUVIEUX

Inmitten von Weinbergen westlich von Genf liegt dieses ländliche Hotel mit zwölf behaglichen Zimmern und einem erstklassigen Restaurant.

Satigny • Chemin de Château vieux 16 • www.chateau vieux.ch • 12 Zimmer

7 AUBERGE DE L'ONDE

In einem historischen Winzerhaus in der Weinregion Lavaux befindet sich die exquisite Auberge de l'Onde. Küchenchef Christophe Mazzieri zaubert kreative Gerichte, zu denen Jérôme Aké Béda, einer der besten und charmantesten Sommeliers der Schweiz, den passenden Wein empfiehlt. Das Interieur ist heimelig-ländlich, in der Rôtisserie ebenso wie in der (günstigeren) Brasserie.

St-Saphorin • Chemin Neuf • www.aubergedelonde.ch • Mi–Sa 12–14 (Brasserie) und beide 19–23, So 11.45–16 Uhr

8 AUBERGE DU VIGNERON

Ausgezeichnet schmecken hier Wurst, Entrecôte oder Tarte Tatin. Und der Blick von der Restaurantterrasse über Weinberge auf den Genfer See und zu den Alpen ist spektakulär.

Epesses • Route de la Corniche 16 • www.auberge duvigneron.ch • Mo–Fr 8.45–23, Sa, So 10–23 Uhr

9 CAFÉ DU SOLEIL

Käsefondue gibt es (fast) überall in der Schweiz – aber nur wenige Restaurants haben so viel Flair und Tradition wie das Café du Soleil. Außer dem Klassiker Käsefondue werden exquisites Bündner Fleisch

und andere Schweizer Spezialitäten serviert.

Genf • Place du Petit-Saconnex 6 • www.cafedusoleil.ch • Mo 11.30–14.30, 16.30–23.15, Di–Sa 11.30–23.15 So 11.30–22.15 Uhr

10 CAFÉ ROMAND

Seit 1951 gibt es das Café an der Place Saint-François, eines der beliebtesten Lokale in Lausanne. Einst eine Brauerei, ist das Café eigentlich eine Brasserie, in der es zwar auch Bier gibt, man aber eher Wein trinkt. Das Interieur mit viel Eichenholz verleiht dem Lokal den antiquiert-gemütlichen 50er-Jahre-Charme der Eröffnungszeit. Die Küche bietet von Raclette bis Rösti das Schweizer Programm.

Lausanne • Place Saint-François 2 • www.cafe-romand.ch • Mo–Sa 8–24 Uhr

11 FLOHMARKT

Mittwochs und samstags (bis ca. 17 Uhr) kann man auf der Plaine de Plainpalais westlich der Promenade des Bastions auf dem Flohmarkt stöbern

Genf • Plaine de Plainpalais

i RÉGION DU LÉMAN

➤ Lausanne • Avenue d'Ouchy 60
➤ www.region-du-leman.ch

Genf, Nyon, Lausanne, Vevey, Montreux, Schloss Chillon – ein Roadtrip, die Uferstraße entlang (Band »Ab ins Grüne« Seite 52).

Salzburg 26

Die Kulturstadt Salzburg lockt mit Dom und Festung und seinen engen Gassen, in denen sich nostalgische Kaffeehäuser, Konditoreien und Traditionsläden aneinanderreihen.

◄ Österreichische Kaffeekultur bietet das Café Bazar.

4 MOZART-WOHNHAUS
In dem Gebäude soll der Musiker von 1773–1780 viele Stücke komponiert haben. Die Ausstellung gibt einen perfekten Überblick über sein Leben und seine Familie.
Makartplatz 8 • Bus: Makartplatz, Theatergasse • www.mozarteum.at • tgl. 9–17.30, Juli, Aug. 8.30–19 Uhr • Eintritt 11 € inkl. Audioguide

5 SCHLOSS HELLBRUNN
Das von Fürsterzbischof Markus Sittikus erdachte Schloss wurde Anfang des 17. Jh. erbaut. Die weitläufigen Parkanlagen mit Ziergarten und Wasserspielen machen Hellbrunn zu einem unvergesslichen Erlebnis.
5 km südl. von Salzburg • Fürstenweg 37 • Bus: Hellbrunn • April, Okt. tgl. 9–16.30, Mai, Juni, Sept. 9–17.30, Juli, Aug. 9–18 Uhr • www.hellbrunn.at • Eintritt 12,50 € inkl. Audioguide

1 DOMQUARTIER
Seit 2014 können Besucher in das Innerste der fürsterzbischöflichen Kultur und Historie eintreten und auf dem Weg durch Residenz, Residenzgalerie und Dom etwa 2000 wertvolle Exponate besichtigen. Über den gotischen Chor der Franziskanerkirche landet man am Ende im Carabinieri-Saal der Residenz.
Residenzplatz 1 • Bus: Domquartier, Gehzeit 20 Min. vom Hbf • www.domquartier.at • Mi–Mo 10–17, Juli, Aug. tgl. 10–17, Mi 10–20 Uhr • Eintritt: 12 €

2 FESTUNG HOHEN-SALZBURG
Mitteleuropas größte vollständig erhaltene Burganlage liegt 120 m hoch über der Salzach auf dem Festungsberg und bietet einen herrlichen Blick auf die Stadt. So wie sich die Festung heute zeigt, wurde sie größtenteils während der Amtszeit des Erzbischofs Leonhard von Keutschach (1495–1519) erbaut.
Mönchsberg 34 • Festungsbahn von der Altstadt (Fahrtzeit: 1 Min.), zu Fuß 20 Min. • www.salzburg-burgen.at, www.festungsbahn.at • Jan.–April, Okt.–Dez. 9.30–17, Mai–Sept. 9–19 Uhr • Eintritt Online-Ticket 12 €, vor Ort 16 €

3 GETREIDEGASSE
Reich verzierte Schilder, kunstvolle Portale und idyllische Arkadenhöfe, berühmt sind auch die sogenannten Durchhäuser: Die Gasse besitzt auf der ganzen Länge keine einzige Quergasse. Heute pilgern hier Mozartliebhaber zu dessen Geburtshaus: In Nr. 9 kam er am 27. Januar 1756 zur Welt.
Zwischen Karajanplatz und Rathaus

HÖHEPUNKTE DER ALTSTADT
Vom Mozartplatz und -denkmal über den Residenz- zum Domplatz zur Standseilbahn, die zur Festung hinaufführt. Zurück über den Petersfriedhof zur Pacher Madonna in der Franziskanerkirche. Vorbei an Festspielhäusern und Pferdeschwemme zur Getreidegasse, an deren Ende sich der Alte Markt mit dem Florianibrunnen befindet.

6 BLAUE GANS, »ARTHOTEL«

Vom ältesten Wirtshaus der Getreidegasse zum »artHotel«: ein bewohnbares Kunstwerk, gestaltet vom Salzburger Modern-Art-Künstler Erich Schobesberger. Ein Erholungsort im Hotel ist die Lesestube mit Teebar und frischem Obst.
Getreidegasse 41-43 • www. blauegans.at • 35 Zimmer

7 CAFÉ BAZAR

Das Traditionscafé am Ostufer der Salzach war und ist Stammlokal vieler einheimischer Prominenter und Kulturschaffender. Ambiente und Angebot repräsentieren klassische Kaffeehaustradition. Besonders begehrt ist an Sonnentagen die Terrasse mit Altstadtblick.
Schwarzstr. 3 • www.cafebazar.at • Mo–Sa 7.30–19.30, So 9–18 Uhr

8 GOLDENE KUGEL

Wo heute das Brauhaus in dunklen Gewölberäumen regionale Küche serviert, stand früher der Guglbräu, eines der traditionsreichsten Gasthäuser. Bereits vor mehr als 500 Jahren wurde hier schon Bier ausgeschenkt.
Judengasse 3 • www.goldenekugel.eu • tgl. 10–24 Uhr (nachmittags kleine Karte)

9 ROCKHOUSE SALZBURG

Schon das Ambiente ist sehenswert, denn man trifft sich hier in einem über 400 Jahre alten Gewölbe. Das bewahrt die Anwohner vor dem Lärm von Hardcore, Ethno-Jazz, Heavy Metal und Gospelkonzerten. Auch Kleinkunst und Workshops werden veranstaltet.
Schallmooser Hauptstr. 46 • www.rockhouse.at • Mo–Do 18–1, Fr–Sa 18–2 Uhr

10 HANGAR-7

An der Stelle eines herkömmlichen Hangars wurde ein Platz geschaffen, an dem die Liebe zur Fliegerei und zur Kunst und Kulinarik einander begegnen. Der Hangar-7 ist längst (Kult-)Stätte der Kunst und des Genusses geworden, mit Ausstellungen und Kulturveranstaltungen, Bar, Café, Lounge und einem Restaurant. Neben Kunstausstellungen zeigt der Hangar-7 auch historische Flieger der Flying Bulls.
Wilhelm-Spazier-Str. 7a • www.hangar-7.com • Do–So 12–14 und tgl. 19–22 Uhr (Restaurant), tgl. 9–17 Uhr (Café), So–Do 12–24, Fr/Sa bis 1 Uhr (Bar)

11 LANZ

Wer exklusive Trachtenmode zu schätzen weiß, ist hier genau richtig. Seit 70 Jahren gibt die Familie Lanz beim Trachtenschick den Ton an und hat die Dirndl, Joppen und Janker gesellschaftsfähig gemacht.
Schwarzstr. 4 • www.lanztrachten.at • Mo–Fr 9–18, Sa 9–17 Uhr

ℹ SALZBURG INFORMATION/CONGRESS

➤ Mozartplatz 5
➤ Hauptbahnhof (Bahnsteig 10)
➤ www.salzburg.info

📖 *Auf den Spuren der Literaten – mit dem Rad ins Salzburger Seenland (Band »Ab ins Grüne« Seite 54).*

Wien 27

Die prachtvolle Stadt an der Donau fasziniert mit ihrem Kunst- und Kulturangebot, ihren prunkvollen Bauten und natürlich mit den charakteristischen Kaffeehäusern.

◄ Die hohe Kunst der Confiserie feiert die Konditorei Oberlaa.

4 SCHÖNBRUNN

Sehenswert sind die Prunkräume im Rokokostil wie der Spiegelsaal, wo der sechsjährige Mozart vor der Kaiserin musizierte, oder die Wohnräume von Kaiser Franz Joseph und seiner Gemahlin Sisi. Schönbrunner Schlossstr. 47–49 • U-Bahn, Straßenbahn: Schönbrunn • www.schoenbrunn.at • April–Juni, Sept.–Okt. 8–17.30, Juli–Aug.8–18.30, Nov.–März 8–17 Uhr • Ticket Imperial Tour 13,30 €, Ticket Grand Tour 16,40 €

1 ALBERTINA

Eine der bedeutendsten Ausstellungsstätten der Stadt. Die hauseigene Sammlung umfasst zahlreiche Meister der Moderne – u. a. Monet, Picasso, Kandinsky – und eine der größten Sammlungen grafischer Werke weltweit sowie eine namhafte Fotosammlung. Albertinaplatz 1 • U-Bahn: Karlsplatz/Oper • www.albertina.at • tgl. 10–18, Mi 10–21 Uhr • Eintritt 12,90 €

2 HOFBURG

In der »Burg« residierten bis 1918 die Habsburger. Seit 1945 ist sie Amtssitz des österreichischen Bundespräsidenten, hier sind aber auch Teile der Österreichischen Nationalbibliothek und Museen zu finden. Von der mittelalterlichen Burg ist heute nur mehr die Burgkapelle zu sehen. In der Renaissance entstand die Stall-

burg mit dem Arkadenhof, die Amalienburg wurde im 17. Jh. mit dem Schweizerhof verbunden. Den Abschluss des heute sichtbaren Gebäudetrakts bildete ab dem Jahr 1900 die Neue Hofburg. Zugang von Heldenplatz, Michaelerplatz, Josefsplatz • U-Bahn: Herrengasse • Kaiserappartements/Sisi-Museum, Silberkammer: Sept.–Juni tgl. 9–17.30, Juli, Aug. tgl. 9–18 Uhr • Eintritt 29,90 €

3 MUSEUMSQUARTIER

Seit 2001 sind hier einige der bedeutendsten Institutionen Österreichs vereint: Leopold Museum, Museum Moderner Kunst Stiftung Ludwig, Kunsthalle Wien, Architektur Zentrum Wien und Zoom Kindermuseum. Museumsplatz 1 • U-Bahn: Volkstheater • www.mqw.at • Kombi-Ticket 29,90 €

5 STEPHANSDOM

Vom Südturm des »Steffl« bietet sich ein grandioser Blick, allerdings sind es 343 Stufen bis zur Türmerstube auf 73 m. Stephansplatz • U-Bahn: Stephansplatz • www.stephanskirche.at • Führungen: Mo–Sa 9–11.30, 13–16.30, So 13–16.30 Uhr • Eintritt 6 € • Südturm: 9–17.30 Uhr • Eintritt 4 € • Nordturm/Aufzug: tgl. 9–17.30 Uhr • Eintritt 5,50 €

DIE ZEIT

HEURIGER

»Das familiengeführte Weingut Feuerwehr Wagner versorgt Hungrige mit deftiger Hausmannskost und Durstige mit Weinen aus eigenem Anbau in urigem Ambiente. Immer einen Besuch wert!« Grinzinger Str. 53 • Bus: Neugebauerweg • www.feuerwehrwagner.at tgl. 16–24 Uhr

6 ALTSTADT VIENNA

Gleich hinter dem Museums-Quartier hat der Hotelier und Kunstsammler Otto Wiesenthal seine Passion in seine Arbeit integriert: Originale von Christian Ludwig Attersee, Niki de Saint Phalle oder Andy Warhol schmücken in dem Haus die Wände. Alle Zimmer sind aus ehemaligen Bürgerwohnungen entstanden.
Kirchengasse 41 • www.altstadt.at • 45 Zimmer

7 ALT WIEN

Tagsüber ist es ein Kaffeehaus, abends verwandelt es sich in ein uriges Beisl. Dann wird die Stimmung zwischen den mit Plakaten geschmückten Wänden ausgelassener, die Musik lauter und der Altersdurchschnitt jünger. Legendär ist das Gulasch.
Bäckerstr. 9 • www.kaffee altwien.at • tgl. 9–2 Uhr

8 KONDITOREI OBERLAA

Die Stadtfiliale der renommierten Konditorei überzeugt mit ihren fantasievollen Tortenkreationen und besonders leckeren Mehlspeisen. Sie gilt als Beste ihrer Art in ganz Österreich. Im Sommer kann man schön vor dem Café im Schanigarten sitzen.
Neuer Markt 16 • www.oberlaa-wien.at • tgl. 8–20 Uhr

9 LOOS AMERICAN BAR

Die Loos-Bar ist ein Meisterwerk des Architekten Adolf Loos aus dem Jahr 1908, das mittlerweile unter Denkmalschutz steht. Stilvoller lässt sich ein Cocktail kaum genießen. Über die Preise sollte man jedoch hinwegsehen.
Kärntner Durchgang 10 • www.loosbar.at • Mo–So 12–4 Uhr

10 WRENKH

Das Restaurant serviert eine gehobene Vollwertkost. Auch vegetarische und vegane Gerichte stehen auf der Speisekarte. Hier kann man sich gesund für die Sightseeingtour stärken.
Bauernmarkt 10 • www.wrenkh-wien.at • Mo–Sa 11–23 Uhr

11 NASCHMARKT

Wiens traditioneller Marktplatz blüht hier seit 1916 und atmet das Flair des einstigen Vielvölkerstaats der Donaumonarchie. Blunz'n (Blutwurst) und Wildschweinschinken, Käse aus ganz Europa, im Eichenfass vergorener Apfelessig mit Honig – hier gibt es alles, was das kulinarische Herz begehrt. Jeden Samstag findet am südwestlichen Ende des Markts ein Flohmarkt statt.
Naschmarkt • U-Bahn: Pilgrimgasse • Markt: Mo–Fr 6–19.30, Sa 6–18, Gastronomie Mo–Sa 6–23 Uhr

(i) WIENTOURISMUS
➤ Albertinaplatz/Maysedergasse • tgl. 9–19 Uhr
➤ Flughafen, Ankunftshalle • tgl. 6–23 Uhr
➤ www.wien.info

 Stille Weingärten und gemütliche Heurige erwarten einen bei einem Ausflug in den Norden nach Grinzing und Nussdorf (Band »Ab ins Grüne« Seite 56).

Prag 28

Könige, Ritter, Pop- und Filmstars. Vergangenheit und Gegenwart verschmelzen in Prag zu einer aufregenden Jetztzeit. Hightech tickt neben Gotik und Barock, Glamour strahlt in den engen Gassen.

1 ALTSTÄDTER RING

Der alte Stadtkern war bereits um 1100 besiedelt, doch im Mittelalter lag der Platz noch eine Etage tiefer. Die Anhebung des Niveaus wurde durch Überschwemmungen dringend notwendig. Im U minuty mit dem schwarz-weißen Sgraffiti wohnte Franz Kafka. Zur Rokokofassade des Kinský-Palais kontrastiert das gotische Anwesen U kamenného zvonu (»Zur steinernen Glocke«) nebenan.
Staroměstské náměstí Staré Město • U-Bahn: Staroměstská

2 HRADSCHIN

Der große Stolz der Prager, seit elf Jahrhunderten Sitz der Macht. Er umfasst die Kanzlei des Präsidenten, fünf Paläste, vier Festsäle, sechs mittelalterliche Türme, fünf Kirchen, ein ehemaliges Kloster und acht Gärten nebst Dienstgebäuden. Vom Hradschin aus herrschten zwei deutsch-römische Kaiser und sieben Könige über halb Europa.
Pražský hrad • U-Bahn: Malostranská, Straßenbahn: Pražský hrad • www.hrad.cz • Di–So 9–17 Uhr • Eintritt 350 Kč

3 JOSEFSTADT

In der Josefstadt (Josefov) finden sich sechs Synagogen im Umkreis von knapp 300 m. Der Name erinnert an Kaiser Joseph II., der 1781 den Juden im Reich die Religionsfreiheit gewährte. Eine der Hauptsehenswürdigkeiten ist der Alte jüdische Friedhof. Auch die Altneu-Synagoge, die älteste erhaltene jüdische Gebetsstätte Europas ist bedeutsam.
Friedhof: U starého hřbitova 3 • Altneu-Synagoge: Červená 2 • Pinkassynagoge: Široká 3 • U-Bahn: Staroměstská • www.jewishmuseum.cz

◀ Lebhaft und fast immer gut besucht ist das Café Savoy.

4 KARLSBRÜCKE

Eine weltberühmte Statuenallee: Der hl. Nepomuk wurde 1683 als Erster aufgestellt, ihm folgten weitere Steinheilige, die Gesichter von Ferdinand M. Brokoff und Matthias Braun gestaltet, den Bildhauern des böhmischen Barock. Den Grundstein legte Kaiser Karl IV. selbst, die Bauzeit betrug 45 Jahre. Früh aufstehen lohnt sich, wenn man dort alleine sein möchte.
Karlův most • U-Bahn: Staroměstská

5 STRAHOVSKÝ KLÁŠTER

Im Kloster Strahov ist eine Bibliothek aus dem 17. Jh. als nationale Gedenkstätte zugänglich. Den Schatz bilden die 130 000 Bände im theologischen und philosophischen Saal. In der prächtigen Klosterkirche Mariä Himmelfahrt wird Barockmusik aufgeführt.
Strahovské nádvoří 1/132 • Straßenbahn: Pohořelec • www.strahovskyklaster.cz • Di–So 9–17 Uhr Eintritt 120 Kč

6 CLEMENTIN

Das schmalste Hotel der Welt ist gerade einmal ein Zimmer breit (3,28 m) und befindet sich mitten im Rummel der Karlsgasse. Immerhin ist es drei Etagen hoch, sodass noch genügend Platz zum Übernachten bleibt. Ein familiäres Hotel mit Prager Charme und hübsch eingerichteten, überraschend großen Zimmern.
Seminářská 4 • www.clementin. cz • 9 Zimmer

7 CAFÉ SAVOY

Der Blick bleibt an der kunstvollen Kassettendecke hängen. Das Lokal, 1893 gegründet, ist der Geheimtipp für Prager Schinken: warm in Meerrettichsauce mit Kartoffelpüree serviert. Und die Obstknödel sind einfach nur himmlisch.
Vítězná 5 • http://cafesavoy. ambi.cz • Mo–Fr 8–22.30, Sa, So 9–22.30 Uhr

8 LEHKÁ HLAVA

Mit »leichtem Kopf«: Der Name des vegetarischen Restaurants stimmt auf die schlanke Linie ein. Pâté vom Räuchertofu ist nur eine der Köstlichkeiten. Verarbeitet werden ausschließlich Bioprodukte aus der Region. Alle Säfte sind frisch gepresst, der Café Latte wird selbstverständlich mit Sojamilch zubereitet.
Boršov 2/280 • www.lehka hlava.cz • Mo–Fr 11.30 bis 23.30, Sa/So 12–23.30 Uhr

9 PÁLFFY PALÁC

Im obersten Stock des Prager Konservatoriums wird auf allerhöchstem Niveau gespeist. Alte Lüster, weiße Gladiolen und eine Bildergalerie schmeicheln dem Auge. Von der Terrasse blickt man auf die Kleinseitener Gärten.
Valdštejnská 14 • www.palffy. cz • Mi–Sa 11–23 Uhr

10 U ZLATÉHO TYGRA

Schriftsteller Bohumil Hrabal zählte zu den Stammgästen, und Dichterpräsident Václav Havel hat hier US-Präsident Bill Clinton zu Kartoffelpuffern und Schinkenrollen mit Käsefüllung verführt. Das Filsner Urquell ist Trumpf zu den warmen und kalten Speisen im »Goldenen Tiger«.
Husova ulice 17 • www.uzlateho tygra.cz • tgl. 15–23 Uhr

11 PALLADIUM

Die rote Renaissancefassade wirkt imposant, innen glitzert ein Shoppingmekka mit 170 Boutiquen und ein Gourmetparadies mit 30 Restaurants, Cafés, Cocktail- und Sushibars. Die Rolltreppen erinnern an den Film »Metropolis«, ein perfektes Kontrastprogramm zur Gotik des St.-Veits-Doms.
Náměstí Republiky 1 • www. palladiumpraha.cz • Mo–Sa 9–22, So 9–21 Uhr

ℹ PRAGUE CITY TOURISM (PCT)

> Staroměstské náměstí 1 • tgl. 9–19 Uhr
> Rytířská 12 • tgl. 9–19 Uhr
> Wenzelsplatz 42 (Ecke Štěpánská) • tgl. 10–18 Uhr
> www.visitpraha.cz
> www.pis.cz

 Nach dem Hradschin die berühmteste Burg des Landes: Karlstein – die Schatzkammer Karl IV. (Band »Ab ins Grüne« Seite 58).

Krakau 29

In der Königstadt Krakau erzählen deren Steine eine jahrhundertealte Geschichte voller Glanz und Gloria des ehemaligen Adels. Die Bewohner lieben den Jazz und ihre Kellerbars.

1 GROSSER MARKT

Mit 40000 m² Europas größter mittelalterlicher Platz. Von früherem Reichtum künden die lang gestreckten Tuchhallen, die Marien- und die Adalbertkirche sowie das Mickiewicz-Denkmal und der Rathausturm.
Rynek Glówny • Bahn: Krakow Glówny

2 KAZIMIERZ

Künstler, denen die Altstadt zu teuer war, eröffneten hier Ateliers und Theater. Als 1495 die Juden aus Krakau vertrieben worden waren, wies man ihnen den Osten der damaligen Stadt Kazimierz zu. Nach dem Zweiten Weltkrieg wurde das Viertel zur Geisterstadt und nach der Wende wiederbelebt. Heute sind einige Synagogen restauriert und Cafés schießen wie Pilze aus dem Boden.
Rund um die Krakowska

3 SCHINDLERS FABRIK/ MOCAK

In der Emaille-Fabrik Oskar Schindlers erfährt man, wie er Juden als Zwangsarbeiter nutzte und sie später vor dem Tod rettete. Biografien, Originalfotos und -filme schaffen eine authentische Atmosphäre. In den Werkshallen befindet sich das Museum für zeitgenössischer Kunst MOCAK.
Ul. Lipowa 4 • Straßenbahn: Plac Bohaterow Getta • www. mhk.pl • Mo 10−14, Di−So 10−18 Uhr, 1. Mo im Monat geschl. • Eintritt 5,50 € • MOCAK: www.mocak.com.pl • Di−So 11−19 Uhr • Eintritt 14 PLN

4 MUZEUM CZARTORYSKICH

Das Zartoryski-Museum, das älteste Museum Polens, zeigt Kabinette mit Majolika und Meißener Porzellan und mehr als 400 Gemälde, darunter

◄ Auf Cocktails und Jazz hat sich das Piano Rouge spezialisiert.

Meisterwerke wie von Lucas Cranach d. Ä. oder Rembrandt. Star der Ausstellung ist Leonardo da Vincis »Dame mit dem Hermelin«.
Ul. św. Jana 19 • Tram: Basztowa LOT • www.muzeumczartoryskich.krakow.pl • voraussichtlich bis 2018 geschlossen • Eintritt 20 PLN

5 KOŚCIÓŁ MARIACKI

Spektakulär ist nicht nur eine Turmbesteigung, auch der Besuch der Marienkirche. Den Hauptaltar schuf Veit Stoß in zwölfjähriger Schnitzarbeit (1477−1489), wobei er mehr als 100 Figuren realistische Züge verlieh. Der Eingang rechts neben dem Portal bleibt Gläubigen vorbehalten; durch die Tür am südlichen Seitenschiff werden Touristen eingelassen.
Rynek Glówny 4/pl. Mariacki 5 • Straßenbahn: Plac Wszystkich Świętych/Dworzec Glówny • www.mariacki.com • Turmbesteigung links vom Haupteingang • Eintritt 10 PLN

DIE ZEIT

BAR ALCHEMIA
»Drinks in außergewöhnlicher Atmosphäre: nur Kerzenlicht, ein ausgestopftes Krokodil hängt über der Theke und das Bistro erreicht man durch einen Kleiderschrank.«
Estery 5 • Straßenbahn: Plac Wolnica • www.alchemia.com.pl • Mo 10−4, Di−So 9−4 Uhr

6 EDEN

Nur ein paar Schritte von der Alten Synagoge entfernt, in der »dunklen Gasse« im jüdischen Viertel Kazimierz gelegen: Hier warten kleine, behagliche Zimmer. Entspannen kann man sich gegen Aufpreis im Mikwe-Bad (rituelles jüdisches Tauchbad), in einer Sauna sowie in einer urigen Salzgrotte.

UL Ciemna 15 • www.hotel eden.pl • 27 Zimmer

7 PIANO ROUGE

Im Jazzclub an der Nordseite des Marktplatzes gibt es jeden Tag Livemusik, oft »smooth jazz« – und ein feines Dinner. Die opulente Deko, das imposante Bechstein-Piano und leckere Cocktails sorgen für eine entspannte Stimmung.

Rynek Główny 46 • www. thepianorouge.com.pl • tgl. 10–2 Uhr

8 TPIJALNIA CZEKOLADY WEDLA

In der im ganzen Land mit zahlreichen Filialen vertretenen Traditionsconfiserie werden exquisite Pralinen und Trüffel verkauft. In dem eleganten Lichthof der Confiserie kann man die Köstlichkeiten nebst variantenreicher heißer Schokolade kosten.

Rynek Główny 46 • www.wedel pijalnie.pl • Mo–Do 9–22, Fr, Sa 9–24, So 9–23 Uhr

9 POLAKOWSKI

Der Allerweltsname verheißt eine unkomplizierte polnische Küche in einem Selbstbedienungsrestaurant. Die Auswahl ist recht groß, die Gerichte sind preiswert und schmackhaft. Aus diesem Grund wird das Restaurant von einer Vielzahl von Gästen aufgesucht und kann daher auch schon einmal voll werden.

Ul. Miodowa 39 • www.pola kowski.com.pl • tgl. 9–22 Uhr

10 WIERZYNEK

Die Einrichtung ist vom Wawel-Schloss inspiriert, und das Restaurant selbst ist eines der ältesten in Europa. Dieser langen Tradition fühlt man sich hier verpflichtet und serviert eine exzellente Küche. Exquisite Torten und Kuchen gibt es im Café im Erdgeschoss.

Rynek Główny 16 • www. wierzynek.pl • tgl. 13–23 Uhr

11 KRAKOWSKI KREDENS

In dem auf nostalgisch getrimmten Delikatessenladen bekommen Sie Lebensmittel aus Krakau und ganz Polen. zubereitet aus erstklassiger Zutaten: ausgefallene Marmeladen, Honig und Konditorwaren, Wurst und Käse, Mariniertes und Süßes – und alles ist dekorativ verpackt

Ul. Grodzka 7 • Straßenbahn: Plac Wszystkich Świętych • www.krakowskikredens.pl/en

ⓘ INFO KRAKÓW

➤ Wyspiański-Pavillon • Plac Wszystkich Świętych 3–4 (ul. Grodzka) • tgl. 9–19 Uhr
➤ www.infokrakow.pl

Bei diesem Ausflug erlebt man die Hohe Tatra im Taschenformat: Wandern und Floßfahren im Nationalpark Pieninen (Band »Ab ins Grüne« Seite 60).

Budapest 30

Die Donau teilt die ehemalige K.-u.-k.-Monarchie Budapest, und die Stadtteile verbinden majestätische Brücken. Kulinarisch lockt sie mit Kaffeehäusern und dem Nationalgericht Gulasch.

◄ Hohe Küche im Restaurant Halászbástya in der Fischerbastei.

Blattgold und Marmorsäulen gehören zur Ausstattung sowie eine frühe Konstruktion einer Zentralheizung und einer Klimaanlage. Der Wachwechsel ist sehenswert.
Kossuth Lajos tér 1–3 • U-Bahn: Kossuth Lajos tér • www.parlament.hu • April–Okt. 8–18, Nov.–März 8–16 Uhr • Eintritt 2400 Ft

5 SZENT ISTVÁN BAZILIKA

Budapests größte Kirche fiel 1868, kurz vor Vollendung, in sich zusammen. Grund war ein Statikfehler. Erst 1903 konnte sie geweiht werden. Über den einschiffigen Saal spannt sich die Kuppel. Die Statue auf dem Hoch- und die Büste auf dem Hauptaltar stellen König Stephan I. dar, den Schutzpatron des Landes.
Szent István tér • www.bazilika. biz • U-Bahn: Bajcsy-Zsilinky út • Panoramakuppel: Juli– Sept. tgl. 9–19, Okt.–Juni tgl. 10–16.30 Uhr • Eintritt 500 Ft

1 BURGVIERTEL

Der Burgbau begann 1243. Als 1246 ein Sturm der Mongolen erwartet wurde, musste er beschleunigt werden, und 1255 berichtete König Béla IV. von der fertigen Festung. Die Fahrt zum Burgpalast mit der Standseilbahn ist eine Attraktion. Zehn Gehminuten nördlich liegt die Fischerbastei mit schönem Blick über die Stadt.
Zwischen Bécsi kapu im Norden und Budavári palota im Süden • U-Bahn: Beksi Szilinski ut • Burgbus von Széll Kálmán tér oder Fahrt mit der Standseilbahn (Sikló) von Clark Adám tér • Palast: Di– So 10–18 Uhr • **Eintritt frei**

2 GELLÉRT FÜRDŐ

Bereits im 13. Jh. stand hier ein Badehaus, gespeist aus den Quellen des Gellértbergs. Sein heutiges Aussehen erhielt es zu Anfang des letzten Jahrhunderts: Es gilt als eins der schönsten Jugendstilbäder.
Kellenhegyi út 4 • U-Bahn: Szent Gellert ter • www. gellertbad.hu • tgl. 6–20 Uhr • Eintritt ab 5600 Ft

3 NAGY ZSINAGÓGA

Die Große Synagoge umfasst neben Gebetsräumen eine Ausstellung, einen Friedhof und ein Mahnmal. Eine Weide aus Metall in Naturgröße ist das vielleicht intensivste Stück: Auf den Blättern stehen die Namen von Holocaust-Opfern.
Dohány utca 2 • U-Bahn: Deák tér • www.greatsynagogue.hu • März–Okt. So–Do 10–17.30, Fr 10–16.30, im Winter So–Do 10–15.30, Fr 10–13.30 Uhr • Eintritt 4000 Ft

4 ORSZÁGHÁZ

Das Parlament ist nicht nur das zweitgrößte Europas, es ist auch eines der opulentesten.

6 CASATI BUDAPEST HOTEL

Wer sich einmal für das Casati Hotel entschieden hat, wird immer wiederkommen. Nur eine Querstraße von der prachtvollen Andrássy út entfernt liegt es in einem Gebäude aus dem 18 Jh. Die Zimmer, im Boheme-Stil eingerichtet, puristisch oder luftig, sind wahre Oasen der Ruhe. Das Interieur wurde von verschiedenen ungarischen Künstlern gestaltet.

Paulay Ede utca 31 • www. casatibudapesthotel.com • 25 Zimmer

7 HADIK KÁVÉHÁZ

Das Hadik Kaffeehaus blickt auf eine bewegte Geschichte zurück, denn hier trafen sich in den 1920er-Jahren die großen Literaten der Zeit, unter ihnen Frigyes Karinthy, Dezső Kosztolányi und Zsigmond Móricz. Im Sommer nimmt das Café den kleinen Bertalán-Lajos-Platz vor der Tür fast komplett ein.

Bartók Béla út 36 • www. hadik.eu • tgl. 12–1 Uhr

8 HALÁSZBÁSTYA

Abendessen bei Kerzenschein unter Sternen mit Blick über die Donau und Pest: Die Küche bietet ungarische Klassiker wie Rindsgulasch mit einem experimentellen Touch. Wie es sich für solch eine exklusive Adresse gehört, sind die Kellner nicht nur aufmerksam, sondern auch mehrsprachig und hilfsbereit bei Fragen zu Gerichten. Wer sich angesichts der exquisiten Weinkarte nicht entscheiden kann, verlässt sich ganz einfach auf die Empfehlung des hauseigenen Sommeliers.

Halászbástya, nördlicher Nachrichtenturm • www.halasz bastya.eu • tgl. 9 bis 23 Uhr

9 VEGGIE NYERS VEGÁN BISZTRO

Das vegane Rohkost-Restaurant bietet köstlich Gesundes aus Obst und Gemüse – alles maximal auf eine Temperatur von 42 Grad erhitzt.

Garibaldi utca 5 • www.veggie bisztro.hu/en • Mo–Sa 11.30– 20, So 11.30–15.30 Uhr

10 KÖZPONTI VÁSÁRCSARNOK

Der Tempel der ungarischen Agrarwirtschaft. Noch heute präsentieren sich in der von 1894–1896 als stählerne Kathedrale erbauten Markthalle Bäuerinnen in bunter Tracht. Die ganze Pracht aus ungarischer Erde wird vorgeführt. Im Untergeschoss befinden sich ein Supermarkt und Fischstände, im Erdgeschoss Stände voll mit Gemüse und Obst, Fleisch und Wurst, Wein, Kräuterschnaps und Süßigkeiten, fast alles aus ungarischer Produktion. Im Obergeschoss gibt es Kunsthandwerk und Souvenirs.

Vámház körút 1–3 • U-Bahn: Fövám tér • www.piaconline. hu • Mo 6–17, Di–Fr 6–18 Sa 6–14 Uhr

ⓘ BUDAPEST TOURIST
➤ Süt utca 2 • tgl. 8–10 Uhr
➤ www.tourinform.hu

Ein Künstlerort mit mediterranem Charme – ein Ausflug in die Donaustadt Szentendre (Band »Ab ins Grüne« Seite 62).

Ljubljana 31

Die Haupt- und größte Stadt Sloweniens wird im Deutschen auch Laibach genannt. Mit ihren vielen Grünflächen, dem Fluss Ljubljanica, den historischen Plätzen und Cafés hat sie fast mediterranes Flair.

◄ Einfach, aber erlesen gut wird im Špajza gekocht.

3 TIVOLI-PARK

1813 wurde (rings um das im 17. Jh. von Jesuiten als Kloster errichtete, 1852 von Kaiser Franz Joseph an Feldmarschall Radetzky übergebene) Tivoli-Schloss ein großer Park errichtet. Zwei Museen kann man ebenfalls besuchen: das der zeitgenössischen Geschichte oder das Internationale Grafische Zentrum.
Westlich der Altstadt, Ižanska cesta 15 • www.botanicni-vrt.si • April–Juni, Okt. 7–19, Juli, Aug. 7–20, Nov.–März 7.30–17 Uhr • Eintritt 2,80 €

1 ALTSTADT

Aus der Habsburger Zeit stammen die prachtvollen Barock- und Jugendstil-paläste, dazwischen öffnen sich immer wieder Plätze und Grünanlagen mit Bars und Cafés. Die dezente Eleganz vieler Plätze und Straßen ist dem slowenischen Stararchitekten Jože Plečnik zu verdanken, der die Provinzstadt in eine mitteleuropäische Metropole verwandelte. Der Eingang zur Altstadt ist der Prešerenplatz mit der Franziskanerkirche, über die Dreibrückenanlage gelangt man zum Pogačar-jevplatz mit dem romanisch-barocken Dom. In der Nähe befindet sich das Rathaus mit einem Brunnen, der die Flüsse Sava, Krka und Ljubljanica symbolisiert.
Um den Prešernov trg • www.visitljubljana.com

2 LJUBLJANSKI GRAD

»Slowenische Akropolis« wird das weithin sichtbare Wahrzeichen der Stadt genannt. Schon zu Zeiten der Illyrer und Kelten war der Burghügel besiedelt. Ihr heutiges Aussehen erhielt die Burg im frühen 16. Jh. In ihrem Inneren sind mehrere Ausstellungen zu sehen, u. a. zur Geschichte Sloweniens. Die Vorführung »Virtuelle Burg« zeigt in 20 Minuten mit Animationen anschaulich die Entwicklung von Ljubljanski grad durch die verschiedenen Epochen und stellt die Burgräume vor. Vom Aussichtsturm der Burg bietet sich ein schöner Blick weit über Slowenien.
Grajska planota 1 • www.ljubljanskigrad.si • Jan.–März, Nov. 10–20, April, Mai, Okt. 9–21, Juni–Sept. 9–23, Dez 10–22 Uhr • Eintritt: ab 12 € inkl. Führung und Fahrt mit der Standseilbahn

4 VODNIKOV TRG

Am Vodnikplatz kann man aus einem großen Angebot an Obst und Gemüse wählen, das die Verkäufer in bäuerlicher Tracht feilbieten. In den Hallen daneben gibt es Fleisch, Brot aus dem Holzofen, Gebäck, Käse und Öle.
www.lpt.si • Markt: Mo–Fr 6–18, Sa 6–16 im Sommer, Mo–Sa 6–16 Uhr im Winter

---

VINOTHEKA MOVIA

Das richtige Klima und viel Erfahrung im Anbau sorgen dafür, dass viele slowenischen Weine von hervorragender Qualität sind. In dieser Vinothek lassen sich einige davon verkosten. Dazu gibt es für Interessierte die passende fachkundige Beratung.
Mestni trg 2 • www.movia.si • Mo–Sa 9–24 Uhr

5 ANTIQ PALACE

Direkt im Stadtzentrum
Ljubljanas und mitten im Ge-
schehen liegt dieses Boutique-
hotel in einem renovierten
Adelspalast aus dem 16. Jh. Die
18 Zimmer und Apartments
sind gediegen und elegant
eingerichtet und erinnern
an die glanzvolle Vergangenheit des Gebäudes. Zum Teil
sind sogar noch Original-
fresken erhalten geblieben.
Ein großzügiger Spa-Bereich
lädt mit drei Saunas und
einem Massagebecken zur
Entspannung ein.

Vegova 5a • www.antiqpalace.
com • 18 Zimmer

6 DRUGA VIOLINA

Die »Zweite Geige«, ein
Non-Profit-Restaurant in der
Altstadt, integriert Menschen
mit Behinderungen und serviert täglich wechselnde slowenische Speisen aus regionalen
Produkten, darunter auch
vegetarische und glutenfreie
Varianten. Mit Straßenterrasse.

Stari trg 21 • tgl. 8–24 Uhr

7 LE PETIT CAFÉ

Hübsches Café und nettes
Restaurant mit mediterraner
Küche. Es gibt Omelett, haus-
gemachte Marmelade, Brot,
Joghurt und Müsli. Man kann
zwischen diversen Frühstücks-
variationen auswählen, darun-
ter auch englisches Frühstück.
Mittags gibt es Salate, Fleisch-,
Fisch- und Pastagerichte.

Trg francoske revolucije 4 •
www.lepetit.si • Café: tgl.
7.30–24, Restaurant: Mo–Sa
11–22, So 11–17 Uhr

8 ŠPAJZA

Die frischen Zutaten vom
Wochenmarkt und die Ver-
wendung heimischer Produkte
sowie ein aufmerksamer
Service sind das Geheimnis
des Erfolgs dieses gemütlichen
Restaurants, das die vielen
(Stamm-)Gäste zu schätzen
wissen. Serviert werden mediterrane, italienisch inspirierte
Gerichte. Eine Reservierung
wird empfohlen.

Gornji trg 28 • www.spajza-
restaurant.si • Mo–Sa 12–23,
So bis 22 Uhr

9 MARKT AUF DEM
POGAČARJEV TRG

Ljubljana besitzt unüberseh-
bar südländisches Flair:
Sobald sich nur ein Sonnen-
strahl am Himmel zeigt,
treibt es die Bewohner ins
Freie. Besonders lebhaft
geht es am Samstagvormittag
auf dem Pogacar-Platz zu.
Alt und Jung schlendern an
den Kolonnaden entlang,
kosten Tintenfischringe im
Bistro und Štrekli beim
Bäcker. Sie kaufen Prsut-
Schinken und Schafskäse für
das anschließende Picknick
dazu knackiges Obst von
den Bauern der Krain – vielleicht lassen Sie sich
»anstecken« und tun es den
Einheimischen gleich?

Pogačarjev trg • Bus: Kolodvor

(i) TIC
➤ Adamič Lundrovo nabrežje
2, Ecke Stritarjeva
➤ www.ljubljana-tourism.si

*Auf einem Ausflug von
Maribor nach Ljubljana –
unterwegs auf Sloweniens
Weinstraße (Band »Ab ins
Grüne« Seite 64).*

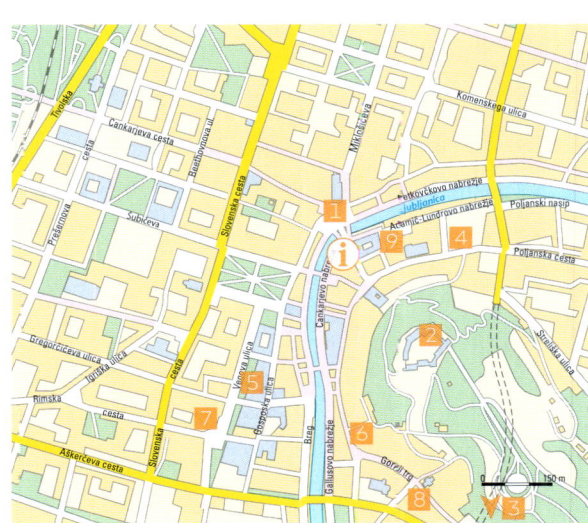

Paris

32

Paris – die verführerische Stadt an der Seine. Der Eiffelturm und der Triumphbogen oder der Louvre und Notre-Dame sind genauso wenig wegzudenken wie die Bistros und Cafés.

◀ Das Café de Flore zieht Intellektuelle und Touristen an.

4 MUSÉE NATIONAL D'ART MODERNE – CENTRE POMPIDOU

In der bedeutenden Sammlung moderner Kunst sind Fauvismus, Kubismus, abstrakte Kunst der 1920er- bis 1960er-Jahre, Surrealismus, Neuer Realismus, Pop-Art und abstrakte Kunst vertreten.
Centre Pompidou, 120, rue St-Martin • Métro: Rambuteau, Châtelet • www.centre pompidou.fr • Mi–Mo 11–21 Uhr • Eintritt 14 €

1 MUSÉE DU LOUVRE

1793 wurde die Festung des Louvre der Öffentlichkeit als Museum zugänglich gemacht. Fast 200 Jahre später wurde das größte Kunstmuseum der Welt modernisiert, seither gelangen die Besucher durch eine gläserne Pyramide über die unterirdische, lichtdurchflutete Napoléon-Halle zu den drei Flügeln, die in die 198 Säle des Louvre führen.
Pl. du Louvre • U-Bahn: Palais-Royal • www.louvre.fr • Sa–Mo, Do 9–18, Mi, Fr 9–21.45 Uhr • Eintritt 17 €

2 NOTRE-DAME

Die Kathedrale »Zu Unserer Lieben Frau« ist Wahrzeichen von Paris und einer der bedeutendsten Sakralbauten der Frühgotik, erbaut zwischen 1163 und 1345. Besonders eindrucksvoll ist die Fassade mit den drei Portalen: Jüngstes Gericht, Marienportal (links), Annenportal (rechts).
Pl. du Parvis-Notre-Dame • U-Bahn: Cité; Saint-Michel • www.notredamedeparis.fr • tgl. 8–18.45 Uhr • **Eintritt frei**, Turm Eintritt 10 €

3 SACRÉ-CŒUR

Die Basilika im neoromanisch-byzantinischen Stil wurde als Mahnmal nach der Niederlage Frankreichs im Krieg gegen Deutschland 1870/71 auf dem Montmartre errichtet. Von Weitem ist das Gotteshaus mit seinen hellen Steinen gut zu erkennen. Wer die Treppen zur Kirche nicht steigen mag, kann die Zahnradbahn nehmen.
35, rue du Chevalier de la Barre • U-Bahn: Jules Joffrin, dann Montmartre-Bus bis zur Haltestelle Place du Tertre • www.sacre-coeur-montmartre.com • tgl. 6–22.30 Uhr • **Eintritt frei**

5 TOUR EIFFEL

Von Gustave Eiffel für die Weltausstellung 1889 als damals höchstes Bauwerk der Welt errichtet, wurde es schnell zum bekanntesten Wahrzeichen der Stadt und des Landes.
Champ de Mars • U-Bahn: Bir-Hakeim; Trocadéro • www.toureiffel.paris • Aufzug: Jan.–Mitte Juni, Sept.–Dez. 9.30–23.45, Mitte Juni–Aug. 9–0.45 Uhr • Eintritt ab 10 €

DIE ☙ ZEIT

SUNSET-SUNSIDE JAZZCLUB
»Unbedingt empfehlenswert sind die harten Stühle des Sunset-Sunside Jazzclubs – das feine, internationale Programm lässt einen alles vergessen.«
60 Rue des Lombards • U-Bahn: Châtelet • www.sunset-sunside.com

6 HÔTEL DES MARRONNIERS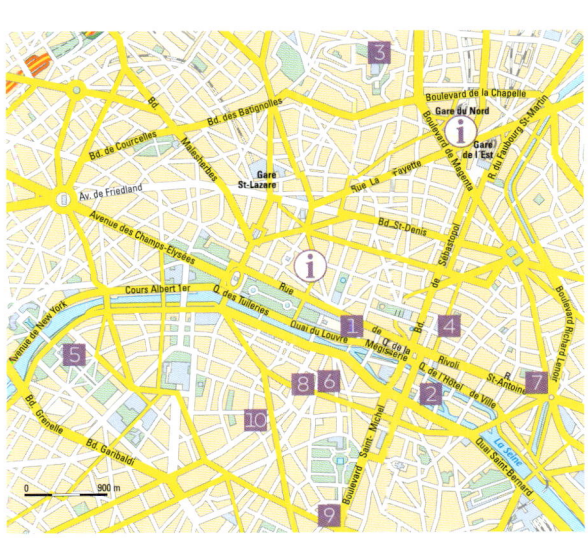

Charmantes Hotel mit ruhigen, französisch eingerichteten Zimmern, lauschigem Wintergarten und efeuumranktem Innenhof. Im Sommer werden dort Café und Croissants serviert. Das Hotel befindet sich mitten in Saint-Germain-des-Près, dem lebendigen Viertel im Herzen von Paris.
21, rue Jacob • www.hoteldesmarronniers.com • 37 Zimmer

7 BOFINGER

In der ältesten Brasserie von Paris, 1864 gegründet, herrscht Belle-Époque-Stimmung. Am schönsten sitzt man unter der herrlichen Glaskuppel. Das meist proppenvolle Restaurant ist zwar für seine Sauerkraut-Spezialitäten bekannt, doch ebenso für seine frischen Austern und Meeresfrüchte oder ein saftiges Steak.
5–7, rue de la Bastille • www.bofingerparis.com • Mo–Sa 12–15. 18.30–24, So 12–23 Uhr

8 CAFÉ DE FLORE

Seit jeher ein Treffpunkt berühmter Intellektueller und Künstler ist das Café de Flore, in dem Sartre 1964 kundtat, den Nobelpreis abzulehnen. So hoch wie die Prominenz mancher Gäste sind die Preise.
172, boulevard Saint-Germain • www.cafedeflore.fr • tgl. 7.30–1.30 Uhr

9 LA CLOSERIE DES LILAS

Als es 1847 eröffnete, gehörten Charles Baudelaire, Paul Verlaine und Stéphane Mallarmé zu den Stammgästen, später trafen sich die Surrealisten zu ihren Festen an der berühmten Piano-Bar. Ernest Hemingway schrieb hier sein Buch »Paris – ein Fest fürs Leben«. Auf der Terrasse des Café-Restaurants sitzt man wunderschön unter viel Grün zwischen schreibenden Poeten und debattierendem Philosophie-Nachwuchs.
171, bd. du Montparnasse • www.closeriedeslilas.fr • tgl. 12–1.30 Uhr

10 LE BON MARCHÉ

Das älteste Kaufhaus von Paris ist das einzige auf dem linken Seine-Ufer und der Lieblingsladen vieler junger Pariser Familien, weil sie hier auch für die Kleinsten alles finden. La Grande Épicerie, die Feinkostabteilung, gilt als größte der Stadt mit einer überwältigenden, wundervoll drapierten Auswahl – ein Eldorado für Gourmets.
38, rue de Sèvres • www.24sevres.com • Mo–Sa 10–20, Do 10–20.45, So 11–20 Uhr • Grande Epicerie: Mo–Sa 8.30–21, So 10–20 Uhr

OFFICE DU TOURISME DE PARIS

➤ Opéra: 25, rue des Pyramides • Nov.–April tgl. 10–19, Mai–Okt. tgl. 9–19 Uhr
➤ Gare de Lyon: 20, bd. Diderot • Mo–Sa 8–18 Uhr
➤ Gare du Nord: 18, rue de Dunkerque • tgl. 8–18 Uhr
➤ http://de.parisinfo.com

Auf den Spuren des Sonnenkönigs – Ausflug nach Versailles: Prunkschloss Louis XIV. (Band »Ab ins Grüne« Seite 66).

Bordeaux 33

Das stolze Bordeaux zeugt vom ehemaligen Reichtum der Weinhändler, das historische Zentrum ist UNESCO-Weltkulturerbe. Auch die feine Gastronomie ist hier zu Hause.

◀ Der Marché des Capucins ist der älteste Markt der Stadt.

und von klassizistischen Gebäuden – im Norden vom dreistöckigen Palais de la Bourse, in dem einst die Börse untergebracht war, und im Süden vom Stadtpalais Hôtel des Douanes, dem früheren Zollamt – umgeben. Die Fontaine Trois Grâces kam 1864 hinzu, 2006 die große Wasserfläche des Miroir d'Eau.
Quai du Maréchal Lyautey • Straßenbahn: Quinconces

1 GRAND THÉÂTRE

Hier präsentiert sich Bordeaux in der ganzen Pracht der Zeit Ludwigs XVI. Geradezu monumental wirkt die Fassade des klassizistischen Glanzstücks, das der Pariser Architekt Victor Louis auf den Ruinen eines gallo-römischen Tempels erbaut hatte. Dreimal wurde der Theatersaal in der Vergangenheit als Sitz der Nationalversammlung zweckentfremdet, und zwar in den Jahren 1870, 1914 und 1941. Heute zeigt sich das Grand Théâtre wieder in seinem ursprünglichen Glanz und zeigt Opern, Ballette oder Symphoniekonzerte.
Place de la Comédie • Straßenbahn: Grand-Théâtre; Quinconces • www.opera-bordeaux.com • Besichtigung nach Reservierung um 14.30, 16, 17.30 Uhr möglich • Eintritt 6 €

2 MUSÉE D'AQUITAINE

In dem lang gestreckten Bau stellt das Museum archäologische Funde der Region aus und bietet einen umfassenden Überblick über die Stadtgeschichte. Weitere Abteilungen widmen sich dem Weinbau, der Austernzucht und der Schifffahrt. Auch das 20. Jh. wird in einer Ausstellung über die Geschichte, Wirtschaft und Kultur der letzten 100 Jahre in Aquitanien historisiert.
20, cours Pasteur • Straßenbahn: Musée d'Aquitaine • www.musee-aquitaine-bordeaux.fr • Di–So 11–18 Uhr • Eintritt: 5 €

3 PLACE DE LA BOURSE

Der weitläufige Platz ist seit seinem Entstehen im 18. Jh. ein Wahrzeichen der Stadt. Er ist halbkreisförmig angelegt

4 SAINT-MICHEL

Die äußerlich schmucklose Basilika Saint-Michel im gleichnamigen Stadtteil beeindruckt innen durch ihre prächtige Ausstattung: das geschnitzte Chorgestühl, die Barockorgel und die modernen Buntglasfenster. Westlich des Gotteshauses steht der frei stehende sechseckige Glockenturm.
Place Meynard • Straßenbahn: Saint-Michel • www.paroisses duport.fr • Mo, Sa, So 10–12.30, Di, Do, Fr 10–17, Mi 14–19 Uhr • **Eintritt frei**

QUARTIERS DES CHARTRONS

Die Nähe zum Fluss Garonne und die vielen Weinkeller machten das Viertel zum Zentrum des historischen Weinhandels. Das Museum Vinorama de Bordeaux führt die Geschichte der Bordeaux-Weine vor Augen.
12, cours du Médoc • Juli–Aug. Di–So 14–18 Uhr, sonst Mo–Fr

5 MAMA SHELTER

Die Zimmer und das zum Hotel gehörige Restaurant wurden modern und mit viel Liebe zum Detail eingerichtet, ein sprichwörtliches Highlight ist im Sommer die Dachterrasse mit Blick auf die Kathedrale Saint-André.

19, rue Poquelin Molière • www.mamashelter.com • 97 Zimmer

6 AUX QUATRE COINS DU VIN

In der stylishen Weinbar nahe der Garonne gibt es eine Auswahl der besten Jahrgänge an Weiß-, Rot- und Roséweinen sowie Champagnern, die man glas- und flaschenweise bestellen kann. Dazu werden hervorragende Appetithäppchen, Toast, Käse und Desserts auf den Tisch gebracht.

8, rue de la devise • www.aux4coinsduvin.com • So–Di 18–24, Mi–Sa 18–2 Uhr

7 BAUD ET MILLET

Die Fromagerie ist ein wahres Paradies für Liebhaber des Edelsten, was sich aus Milch machen lässt. Im Restaurant werden Wein, Käsespezialitäten u.v.m. serviert. In der »Käsehöhle« im Keller des Hauses reifen über 100 Sorten. Reichhaltig ist natürlich auch die Auswahl im Laden.

19, rue Huguerie • www.baudetmillet.com • Mo–Sa 11–23 Uhr

8 KOKOMO CANTINE AMERICAINE

In dem Restaurant und Takeaway werden Pommes und Burger in allen Variationen serviert. Man kann auch ausgefallene Kreationen wie z.B. einen Lachsburger probieren. Alles wird frisch zubereitet, das Fleisch kommt vom Angusrind, die Brötchen aus der Bäckerei St. Michel

um die Ecke. Zur Erfrischung dienen leckere Limonaden, Milchshakes und Smoothies aus frischen Früchten – und als makabre Nachspeise ein »Brownie de la muerte«.

12, place Fernand Lafargue • Mo–So 12–23 Uhr

9 LE PAVILLON DES BOULEVARDS

Das Lokal mit schöner Gartenterrasse überrascht mit einer raffiniert verfeinerten, einfallsreichen, jedoch nicht ganz preiswerten Regionalküche. Schwerpunkt liegt auf Fisch und Meeresfrüchten. Die Weinkarte ist hervorragend, ein Mittagsmenü günstiger.

120, rue Croix de Seguey • www.lepavillondesboulevards.fr • Di–Sa 11.45–13.30, 19.45–21.30 Uhr

10 MARCHÉ DES CAPUCINS

Der größte Markt der Stadt wird auch »Bauch von Bordeaux« genannt – es gibt alles, was das Herz begehrt.

Place des Capucins • http://marchedescapucins.com • Di–So 6–14.30 Uhr

ⓘ OFFICE DE TOURISME

➤ 12, cours 30 juillet
➤ www.bordeaux-tourisme.com

Eine der berühmtesten Weinregionen erleben auf einem Ausflug zum Weltkulturerbe St-Emilion (Band »Ab ins Grüne« Seite 68).

Straßburg 34

Straßburg ist nicht nur Sitz des Europaparlaments. Die Hauptstadt der Region Alsace-Champagne-Ardenne-Lorraine vereint deutsche und französische Einflüsse, auch im gastronomischen Bereich.

1 BARRAGE VAUBAN

Das Wehr entstand im 17. Jh. zur Verteidigung. Bei Gefahr konnten die Schleusentore herabgelassen und der südliche Verteidigungsgürtel der Stadt geflutet werden. Von der Terrasse blickt man wunderbar auf die vier Türme der Ponts Couverts und die Altstadt.
Pl. du Quartier Blanc • Bahn: Hauptbahnhof • **Eintritt frei**

2 CATHÉDRALE NOTRE-DAME

Das Straßburger Münster ist ein imposantes Zeugnis der Baukunst aus vielen Jahrhunderten. Berühmt ist die Hauptfassade mit den Portalstatuen, die riesige Fensterrose mit 15 m Durchmesser und der 142 m hohe Turm. Sehenswert sind im Kircheninneren sind besonders die astronomische Uhr (Horloge astronomique), der Engelspfeiler, die Silbermann-Orgel

und die Kanzel. Der Sakralbau, 1015 als romanische Kirche begonnen, umfasst gotische (1235–1275) und hochgotische (1276–1330) Elemente. Hauptbaumeister war ab 1284 Erwin von Steinbach. Den Südturm kann man über 332 Stufen bis zu einer Plattform auf 55 m Höhe besteigen. Der Ausblick lohnt sich.
Pl. de la Cathédrale • Straßenbahn: Langstross Grand'Rue; Broglie • www.cathedrale-strasbourg.fr • tgl. 9.30–11.15, 14–18 Uhr (außer während Gottesdiensten) • **Eintritt frei** • Plattform: April–Sept. tgl. 9–19.15, Okt.–März 10–17.15 Uhr • Eintritt 5€ • Astronomische Uhr: tgl. 11.30–12.40 Uhr • Eintritt 2€

3 MUSÉE TOMI UNGERER

Das »Internationale Zentrum für Illustration« zeigt in der

◄ Flammkuchen ist die Spezialität des Au Coucou des Bois.

Gründerzeitvilla Werke und Sammlungen des bekannten Straßburger Künstlers.
2, av. de la Marseillaise • Straßenbahn: République • www.musees.strasbourg.eu • Mi–Mo 10–18 Uhr • Eintritt 6,50€

4 PARC DE L'ORANGERIE

Für einen Ausflug ins Grüne die erste Wahl: weitläufig, grün und mit elegantem Flair. Die 26 ha große Anlage wurde im 17. Jh. nach einem Plan des Gartenarchitekten König Ludwig XIV. angelegt.
Av. de l'Europe • Straßenbahn: Conseil de l'Europe

5 PETITE FRANCE l

Hier blieb das Erbe der Färber und Gerber im Straßenbild erhalten. Dicht an dicht stehen die schiefen Fachwerkhäuser an der Ill. Heute flaniert man hier durch eine Art Freilichtmuseum mit Fußgängerzone.
Rund um den Quai de la Petite France • Straßenbahn: Modern Art Museum

CAVE HISTORIQUE DES HOSPICES
Früher galt Wein als Medizin – so besaß das Hospiz auch einen Weinkeller. Hauptattraktion ist der angeblich älteste Wein der Welt aus dem Jahr 1472.
1, pl. de l'Hôpital • www.vins-des-hospices-de-strasbourg.fr • Mo–Fr 8.30–12, 13.30–17.30, Sa 9–12.30 Uhr • **Eintritt frei**

6 LE GRAFFALGAR 🛏

Jedes Zimmer wurde von einem anderen Künstler gestaltet. Mal wurden die Wände mit Graffiti, mal mit illusionistischen Wandmalereien, mal mit Fotokunst verschönert. Möbliert sind sie schlicht und funktionell. Die Preise sind angemessen und Ausstattung und Service tadellos.
17, rue Déserte • www. graffalgar-hotel-strasbourg. com • 38 Zimmer

7 AU COUCOU DES BOIS 🍴

Flammkuchen satt – hier gibt es nicht nur die allseits bekannte Machart mit Speck, Zwiebeln und Käse, sondern auch Varianten mit Lachs, Kapern, Pilzen etc. und sogar süße Flammkuchen, z. B. mit frischen Früchten, Schokolade oder Schlagsahne. Es gibt auch andere Spezialitäten der elsässischen Küche wie Baeckeofe, Gratin mit Munsterkäse oder Sauerkraut auf Fisch.
44, allée David Goldschmidt • www.lecoucoudesbois.com • So–Fr 12–14.30, 18.45– 22.30, Sa 18.45–22.30 Uhr

8 FINK' STUEBELL 🍴

Thierry und Sophie Schwaller servieren in ihrer Weinstube einfache elsässische Küche, vorzüglich sind die hausgemachte Königinpastete und »Fleischschnaka« mit Pilzen. Auch Klassiker wie Elsässer Zwiebelkuchen fehlen nicht.
26, rue Finkwiller • www. restaurant-finkstuebel.com • Di–Sa 12–14, 19–22.30 Uhr

9 MAISON KAMMERZELL 🍴

In einem der ältesten Bauwerke der Stadt ignoriert dieses Restaurant kulinarische Modeerscheinungen einfach und setzt auf bewährte Klassiker. Hier wurde das Sauerkraut mit Fisch von Guy-Pierre Baumann erfunden.
16, pl. de la Cathédrale • www.maison-kammerzell.com • tgl. ab 12 und ab 19 Uhr

10 SALON DE THÉ CHRISTIAN 🍴

Ein Top-Patissier in der an Konditoreien nicht armen Stadt. Im Kaffeehaus gibt es Kuchen, Quiches, Gebäck, Eis und Pralinés vom Feinsten. Hier kann man sich nach einem Bummel oder dem Sightseeing wahrlich verwöhnen lassen.
10, rue Mercière • www. christian.fr • Mo–So 7.30– 18.30 Uhr

11 CHOCOLATERIE JACQUES BOCKEL 🍴

Eine sehr üppige Auswahl an hausgemachten Pralinen im Winter. Im Sommer gibt es mehr als 30 Sorten Eis.
10, rue du Vieux Marché aux Poissons • www.planet-chocolate.com • Mo–Fr 10–12.30, 13.30–19, Sa 10–19 Uhr

ⓘ OFFICE DE TOURIS- ME DE STRASBOURG

➤ 17, pl. de la Cathédrale • tgl. 9–18 Uhr
➤ www.otstrasbourg.fr

📖 Ein besonderes kulinarisches Erlebnis verspricht ein Ausflug in die Lebkuchenhauptstadt Gertwiller (Band »Ab ins Grüne« Seite 70).

Provence 35

Provence kann sein: Die lebensfrohe Hafenstadt Marseille mit den vorgelagerten Frioul-Inseln, die Felsenbuchten von Calanques oder der Parc Naturel de Camargue.

◄ Von der Bar La Caravelle blickt man schön auf den alten Hafen.

1 CALANQUES

Die zauberhaften kleinen Meeresbecken mit smaragdgrünem Wasser sind von bis zu 400 m hohen Kalksteinklippen umgeben. Winzige, teils sandige Strände schließen die fjordartigen Buchten ab. Die Unterwasserwelt ist vielfältig, die Wasserqualität trotz der Nähe zu Marseille hervorragend.
Zwischen Marseille und Cassis • www.provence-info.de

2 GRAND CANYON DU VERDON

Im Grand Canyon du Verdon zerschneidet der Fluss die Landschaft bis zu 700 m tief, teilt die Alpen von der Provence, zerklüftet Felsen, fordert Alpinisten und Kanuten heraus, bewahrt Adlern aber ungestörte Nistmöglichkeiten. Ein fantastisches Naturwunder.
Südöstlich von Moustiers • www.grand-canyon-du-verdon.de

3 MUCEM

Das Musée des Civilisations de l'Europe et de la Méditerranée (MuCEM) in Marseille zeigt alle Facetten des mediterranen Traumes vom 18. bis 21. Jh. Das Museum selbst hat Architekt Rudy Ricciotti als modernen Kubus entworfen, der von einem Sonnenlicht filternden Fiberglasnetz umschlossen ist.
Marseille • 1, esplanade du J4 • U-Bahn: Vieux-Port Joliette • www.mucem.org • Mai–Juni, Sept., Okt. Mi–Mo 10–19, Juli, Aug. Mi–Mo 9–20, Nov.– April Mi–Mo 11–18 Uhr • Eintritt 9,50 €

4 PARC NATUREL DE CAMARGUE

86 300 ha groß ist das Gebiet zwischen Großer und Kleiner Rhône, das seit 1972 Naturpark ist. Durch Küstenströmungen sind herrliche Lagunen entstanden, an der Küste endlose Sandstrände. Ein einzigartiges Ökosystem mit Salzseen, Reisfeldern und Sumpfwiesen.
12 km östl. von Saintes-Maries-de-la-Mer • www.parc-camargue.fr

5 PALAIS DES PAPES

Wie eine Festung erhebt sich der Palast der Päpste über der Rhône-Stadt. Die Burg besteht aus dem Großen Hof (Grande Cour), dem Kreuzgang Benedikts XII. (Cour du Cloître), dem Alten Palast (Palais Vieux) Benedikts und dem Neuen Palast (Palais Neuf) Clemens' VI. Während der Revolution geplündert, dann Gefängnis und Kaserne, ist heute ein sparsam mit Fresken geschmücktes Museum daraus geworden.
Avignon • Place du Palais • www.palais-des-papes.com • 1.–14. März tgl. 9–18.30, 15. März–Juni 9–19, Juli 9–20, Aug. 9–21, 1.–15. Sept. 9–20, 16. Sept.–1. Nov. 9–19, 2. Nov.–Feb. 9.30–17.45 Uhr • Eintritt 11 €

ATELIER PAUL CÉZANNE

Eine Glaswand nach Norden, eine Staffelei und Palette, auf dem Tisch ein Glas, eine Weinflasche – alles wirkt, als käme der Meister jeden Augenblick wieder.
Aix-en-Provence • 9, avenue Paul Cézanne • www.atelier-cezanne.com • Juli–Sept. 10–18, April–Mai 10–12.30, 14–18, Okt.–März 10–12, 14–17 Uhr • Eintritt 5,50 €

---

6 CACHAREL HÔTEL

Das Drei-Sterne-Hotel liegt inmitten der Stille und Weite der Camargue, 5 km von Les Saintes Maries de la Mer entfernt. Die Zimmer sind rustikal eingerichtet, es gibt einen Pool. Im Hotel können von einem Hirten geführte Ausritte gebucht werden.
Saintes-Maries-de-la-Mer • Route de Cacharel • www.hotel-cacharel.com • 17 Zimmer

7 CAFÉ OPPIDUM

Kleine gemütliche Crêperie, in der man auch andere Gerichte und frische Salate bestellen kann. Die Speisen sind ohne großen Schnickschnack, dafür aber umso leckerer. Ideal für ein schnelles Mittagessen oder ein herzhaftes Abendessen.
Saintes-Maries-de-la-Mer • 11, rue Capitaine Fouque • www.bistroppidum.com • Mi–Mo 12–15, 19–22 Uhr

8 CHEZ ETIENNE

Es ist immer voll, und die Gäste kennen sich. Die Preise sind der Qualität angemessen, gerühmt ist vor allem die Pizza, die hier als Vorspeise gilt. Die lebhafte Atmosphäre gehört zum familiengeführten Lokal.
Marseille • 43, rue de Lorette • Mo–Sa 12–14, 20–23 Uhr

9 FARN ENTE PLAGE

Das Restaurant befindet sich etwas außerhalb von Saintes-Maries-de-la-Mer direkt am Strand. Die exzellenten Fischgerichte und Meeresfrüchte haben zwar ihren Preis, sind nicht unangemessen. Meerblick oder Sonnenuntergang kann man auch einfach mit einem Drink auf der Strandterrasse genießen.
Saintes-Maries-de-la-Mer • Rte d' Aigues-Mortes • Plage Ouest, Clos du Rhône • www.farniente plage.com • tgl. 9–24 Uhr

10 LA TREILLE MUSCATE

Im idyllischen Moustiers-Sainte-Marie wird hier eine provenzalische Küche mit frischen regionalen Zutaten und passender Weinauswahl geboten.
Moustiers-Stainte-Marie • Place de l'eglise • www.restaurant-latreillemuscate.fr • Mi abends, Do geschl. (außer Juli/Aug.)

11 LA CARAVELLE

Vom Balkon der Bar im 1. Stock des Hotels Bellevue hat man einen Traumblick über den Vieux Port. Zum Drink werden Tapas oder Snacks serviert.
Marseille • 34, quai du Port • www.lacaravelle-marseille.com • tgl. 7–2 Uhr

12 CONFISERIE LÉONARD PARLI

»Calissons«, das ist süßes Mandelgebäck mit Zuckerguss, wunderbar, wenn es so frisch zubereitet ist wie in diesem schönen Laden.
Aix-en-Provence • 35, avenue Victor Hugo • www.leonard-parli.com • Mo–Sa 9–19 Uhr

(i) CRT PROVENCE-ALPES-CÔTE D'AZUR

➤ Marseille • Maison de la région • 61, La Canebière
➤ www.tourismepaca.fr

Spektakulär und nah am Abgrund, eine Tour den Grand Canyon du Verdon entlang (Band »Ab ins Grüne« Seite 72).

Porto 36

Porto, die heimliche Hauptstadt Portugals, bezaubert mit malerischen Bauten, engen Gassen und prachtvollen Plätzen. Frische regionale Produkte holt man sich vom Markt.

1 BAIRRO DA SÉ

Das Bairro da Sé ist das älteste und volkstümlichste Stadtviertel. Der Verfall des historischen Ensembles, Weltkulturerbe der UNESCO, wurde durch ein vorbildliches Instandsetzungsprogramm aufgehalten.

Die **Kathedrale Sé** thront auf dem höchsten Punkt des granitenen Altstadtfelsens. Im 12. Jh. war sie eine Wehrkirche. Reizvoller erscheint aber der kleine gotische Kreuzgang aus dem 14. Jh. mit Azulejos aus dem Rokoko. Ein langer Treppensteig zieht sich am Felshang von der Sé hinunter zum Largo do Colégio mit den imposanten Schaufassade der ehemaligen Jesuitenkirche dos Grilos aus dem 17. Jh.

Bairro da Sé • Kathedrale: Terreiro da Sé • Straßenbahn: Lgo. 1° de Dezembro • tgl. 9–19 Uhr • **Eintritt frei**

2 CAIS DA RIBEIRA

Die Uferpromenade am ehemaligen Flusshafen ist eine Besucherattraktion. Sie liegt neben der eleganten 395 m langen Eisenbrücke Dom Luís I, die von Teófilo Seyrig, einem Schüler Gustave Eiffels, gebaut wurde. Am Ufer setzt man sich am besten in eines der Cafés, die sich in den höhlenartigen Lauben der granitenen Kaimauer reihen.

Cais da Ribeira

3 CASA DA MÚSICA

Portos Musiktempel zieht auch Fans moderner Architektur an – es gibt Führungen durch das 2005 eröffnete Konzerthaus, entworfen vom Niederländer Rem Koolhaas.

Av. da Boavista 604 • Bus: Boavista-Casa da Musica • www.casadamusica.com • Mo–Sa 9.30–19, So 9.30–18 Uhr • Eintritt mit Führung 10 €

◄ Wen wundert's, dass das Majestic zu Harry Potter inspirierte.

4 MERCADO DO BOLHÃO

An den Ständen unter einer umlaufenden Galerie werden Obst, Gemüse, Fleisch, Fisch und Spezialitäten angeboten. Ein Markt, wie er sein muss.

Zwischen Rua Formosa und Fernandes Tomás • U-Bahn: Bolhaos • Mo–Fr 7–17, Sa 7–13 Uhr

5 PRAÇA DA LIBERDADE

Der weite Platz am südlichen Ende der Avenida dos Aliados, ist mit seinen imposanten Bauten von Anfang des 20. Jh. Mittelpunkt des Geschäftszentrums. Am nördlichen Ende steht das Rathaus aus Granit, 1929–1948 im Stil flämischer Paläste erbaut. Vom südlichen Ende ist der Bahnhof nicht weit mit seinen Azulejo-Bildwänden von 1930: Auf 20 000 Fliesen stellte der Maler Jorge Colaço das Leben und die Geschichte Portugals dar.

Bahnhof São Bento

LIVRARIA LELLO

Gegenüber der Clérigos-Kirche sollte man einen Blick in die einzigartige Bücherkathedrale von 1906 werfen. Bei einer Tasse Kaffee kann man zwischen neogotischen Bücherregalen in wunderschönen Bildbänden schmökern.

R. das Carmelitas 144 • Mo–Fr 10–19.30, Sa 10–19 Uhr • www.livrarialello.pt

6 RESIDENCIAL PÃO DE AÇÚCAR

Das gepflegte Hotel versprüht altportugiesischen Charme. Schön ist die Art-déco-Wendeltreppe. Das Hotel ist gleichzeitig ein kleines Museum: Man findet überall Vintage-Gegenstände und nostalgische Autoscooterfahrzeuge.
Rua do Almada 262 • www.paodeacucarhotel.pt • 52 Zimmer

7 CAFÉ MAJESTIC

Prächtiges Kaffeehaus im Jugendstil, das die Belle Époque aufleben lässt. 1921 als Café Elite eröffnet, wurde es bald in Majestic umbenannt und zum Treffpunkt der Bohème. Renoviert nach alten Fotos, erstrahlt es längst wieder in vollem Glanz. Zu den illustren Gästen des Hauses gehörte in den 1990er-Jahren Joanne K. Rowling, die hier über einen gewissen Harry Potter zu schreiben begann.
Rua Santa Catarina 112 • www.cafemajestic.com • Mo–Sa 9.30–23.30 Uhr

8 PORTUCALE

Im 13. Stock serviert man feine Küche. Der Blick über die Stadt und die Berge ist traumhaft. Das im Stil der 1950er-Jahre gehaltene Interieur mag manchen veraltet erscheinen. Für andere macht genau dies den Charme aus.
Rua da Alegria 598 • www.miradouro-portucale.com • tgl. 12.30 bis 14.30, 19.30– 22.30 Uhr

9 RESTAURANTE CASA DA MÚSICA

Im Restaurant des städtischen Konzerthauses Casa da Música kreiert die Küche qualitativ Hochwertiges zu erschwinglichen Preisen, etwa Risotti und Fisch für unter 20 Euro. Das spektakuläre Gebäude wurde vom Architekten Rem Koolhaas entworfen.
Avenida da Boavista 604– 610 • www.casadamusica.com • Mo–Sa 12.30–15, 19.30–23, Fr, Sa 19.30–24 Uhr

10 WINE QUAY BAR

Schicke Weinbar mit Tapas und nettem Service – der Chef gibt gerne Tipps zur Auswahl.
Muro dos Bacalhoeiros 111– 112 • www.winequaybar.com • Mo–Sa 16–23 Uhr

11 PEDRO A. BAPTISTA

Die barocke Rua das Flores war einst die Straße der Gold- und Silberschmiede. Gehalten hat sich das Geschäft von Pedro A. Baptista, der antiken und neuen Schmuck verkauft.
Rua das Flores 235 • Mo– Fr 10–12.30, 14.30–19, Sa 10–13, 15–19 Uhr

i POSTOS DE TURISMO

➤ Rua Clube dos Fenianos 25 (beim Rathaus) tgl. 9–20, Nov.–Mai 9–19 Uhr
➤ Terreiro da Sé (Casa da Câmara) tgl. 9–20, Nov.–Mai 9–19 Uhr
➤ http://visitporto.travel

Berühmt für die grüne Küste (Costa Verde) und den grünen Wein (Vinho Verde) – ein Ausflug ins Minhogebiet (Band »Ab ins Grüne« Seite 74).

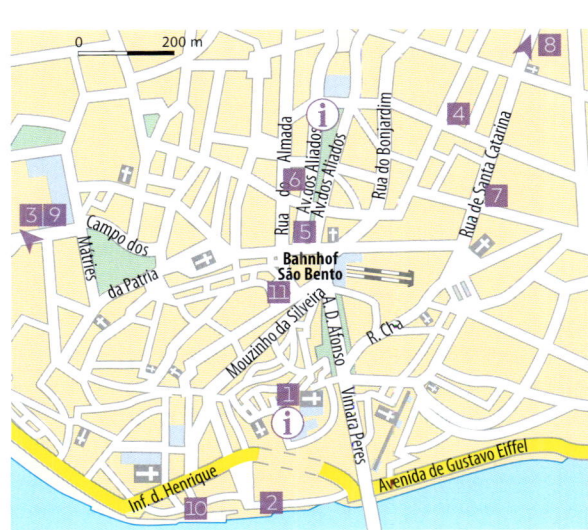

Lissabon 37

In Lissabon, der verführerischen Stadt am Tejo mit zahlreichen Hügeln, sind alte Traditionen lebendig geblieben wie der melancholische Fado, der zu einem guten Abendprogramm gehört.

1 BAIRRO ALTO

Das Bairro Alto ist verrucht, mondän, so traditionell portugiesisch wie exotisch, verrückt und romantisch – alles zugleich. Vom Miradouro São Pedro de Alcântâra hat man eine besonders schöne Aussicht.
Zwischen Rua do Século im Westen und Rua Dom Pedro V im Nordosten

2 CASTELO SÃO JORGE

Auf dem 112 m hohen Burgberg bauten die Mauren im 11. Jh. eine Festung. Heute genießt man hier oben die prächtige Aussicht, geht auf den Mauern spazieren und schaut sich die Funde aus der Zeit des 8. bis 18. Jh. im Archäologischen Museum an.
Rua de Santa Cruz • U-Bahn: Rossio, Bus: Castelo • www. castelodesaojorge.pt • tgl. 9–18, im Sommer 9–21 Uhr • Eintritt 8,50 €

3 ELEVADOR SANTA JUSTA

Der einzige historische Aufzug der Stadt wurde 1902 eingeweiht und ist eine Konstruktion von Raoul Mesnier de Ponsard, einem Schüler Eiffels. Oben auf der umlaufenden Galerie hat man eine schöne Aussicht auf Baixa, Burghügel und Carmo-Kirchen-Ruine.
Rua do Ouro • U-Bahn: Rossio • tgl. 7–23, im Winter bis 21 Uhr • Hin- und Rückfahrt 5,15 €

4 MUSEU CALOUSTE GULBENKIAN

Das renommierte Kunstmuseum befindet sich im Gulbenkian-Park. Seit 1969 ist hier die Sammlung des Erdölmagnaten Calouste Sarkis Gulbenkian (1869–1955) ausgestellt. Sie umfasst ein breites Spektrum: altägyptische, orientalisch-islamische, griechische, römische Kunst und Gemälde

◄ Von der Terrasse des Noobai hat man den Tejo gut im Blick.

(14.–19. Jh.) – darunter Werke von Rubens, van Dyck, Monet, Renoir, Rodin – sowie Jugendstil. Rund 6000 Werke sind zu sehen. Der Sammlung sollte man mindestens einen halben Tag widmen.
Avenida de Berna 45 • U-Bahn: Praça de Espanha • www. gulbenkian.pt • Di–So 10–18 Uhr • Eintritt 10 € inkl. CAM, So ab 14 Uhr frei

5 MOSTEIRO DOS JERÓNIMOS

Die Klosteranlage in Belém, 6 km westlich der Innenstadt, ist der steinerne Zeuge der glanzvollen Zeit portugiesischer Seefahrt und des Reichtums, der Portugal durch Gewürz-, Gold- und Sklavenhandel zufiel. Vom Hafen Restelo brach Vasco da Gama 1497 auf, den Seeweg nach Indien zu finden.
Belém • Praça do Império • Bahnhof: Belém • www.mosteiro jeronimos.pt • Mai–Sept. Di–So 10–18.30, Okt.–April Di–So 10–17.30 Uhr • Eintritt 10 €

DIE ZEIT

PASTÉIS DE NATA UND FEIJÃO
»In Lissabon essen alle Pastéis de Nata. Noch viel leckerer sind aber Pastéis de Feijão, also Blätterteigtörtchen mit Bohnenpüree. Man ist überrascht, dass die Bohnen so süß und gar nicht nach Bohne schmecken können.«
Pastelaría Benard • Rua Garrett 104 • Mo–Sa 8–23 Uhr

6 AVENIDA PALACE

Das 1892 erbaute Traditions-
hotel verfügt über Nobelsalons
und ein pompöses Foyer.
Das Haus hat eine legendäre
Bar, in der sich im Zweiten
Weltkrieg die Geheimagenten
der Krieg führenden Mächte
trafen. Gäste schätzen das Fit-
nesscenter und die Bibliothek.
Rua 1º de Dezembro 123 •
www.hotelavenidapalace.pt •
82 Zimmer

7 MATIZ POMBALINA

Niveauvolle Cocktailbar, in der
Ziegelwände, antike Polster-
stühle und Stehlampen Akzente setzen. Jeder Raum hat ein
anderes Farbthema, Sala Rosa,
Sala Azur, Sala Morango. Kult
unter den zahlreichen Drinks
ist eine Whiskey-sour-Kreation
namens Obama.
Rua das Trinas 25 • www.
matiz-pombalina.pt • Di–Sa
19–2 Uhr

8 NOOBAI

Eine dieser Terrassen Lissabons,
die über dem Fluss und den
Dächern zu schweben scheinen.
Besonders schön ist es, wenn
die Sonne tief im Westen steht.
Es gibt kleinere und größere
Gerichte, auch Kuchen. Am
Wochenende angesagt und
stark frequentiert, unter der
Woche ruhiger. Sympathisch
ist der Spielbereich für Kinder.
Miradouro de Rua Santa Ca-
tarina • www.noobaicafe.com •
tgl. 10–24 Uhr

9 PATÉO 13

Ein auch von den Lisboetas
geschätztes Restaurant, wo
man auf Bänken und an Holz-
tischen unter Bäumen sitzt
und lecker zubereitete Fisch-
und Fleischgerichte vom
Holzkohlegrill bekommt.
Calçadinha de Santo Esté-
vão 13 • Di–Do 12–22, Fr–Sa
12–23 Uhr

10 CLUBE DE FADO

In dem behutsam restaurierten Gewölbe mit Restaurant
und Bar gibt es hochwertigen
Fado zu hören, und das Lokal
hat sich seither einen tadel-
losen Namen gemacht. Alle
großen Fadistas der Stadt
haben hier schon Konzerte
gegeben; einige von ihnen mit
Auftritten, die der Karriere
einen deutlichen Schub verlie-
hen haben. Eine Reservierung
für Fado-Konzerte ist ratsam
Rua de S. João da Praça
86–94 • www.clube-de-fado.
com • tgl. 20–2 Uhr.

11 SOLAR DO VINHO
DO PORTO

Das Portweininstitut ist im
restaurierten Gewölbekeller des
Palácio Ludovice aus dem Jahr
1747 untergebracht. Etwa 300
verschiedene Portweine kann
man hier auch glasweise verkosten. Die Preise liegen bei bis
zu 100 Euro pro Flasche.
Rua de São Pedro de
Alcântara 45 • www.ivdp.pt •
Mo–Fr 11–24, Sa 15–24 Uhr

ⓘ TURISMO DE LISBOA
➤ Lisboa Welcome Center •
Praça do Comércio • tgl. 9–
20 Uhr
➤ Palácio Foz, Praça dos Res-
tauradores • tgl. 9–20 Uhr
➤ www.askmelisboa.com

*Ein Ausflug in die
Geschichte Portugals: nach
Sintra – die Sommerfrische
der Könige (Band »Ab ins
Grüne« Seite 76).*

Andalusien 38

Granada, Córdoba und Sevilla sind wie die Quintessenz Andalusiens – die weiten Landschaften und schönen Städte zwischen Küste und Gebirge verzaubern durch ihre Vielfalt.

◄ Echte Tapaskultur kann man im Las Teresas erleben.

1 ALHAMBRA, GRANADA

1238 bis 1391 als Residenz der Dynastie der Nasriden erbaut, die bis 1498 über das Königreich Granada herrschten. Die Mauern und Türme lassen die Anlage als mächtige Festung erscheinen und verstecken die Gärten, die als irdisches Paradies entworfen wurden.
Granada • Calle Real de la Alhambra s/n • www.alhambra-patronato.es • April–14. Okt. Mo–So 8.30–20, Di, Sa 22–23.30 Uhr, 15. Okt–März Mo–Sa 8.30–18, Fr, Sa 20–21.30 Uhr • Eintritt 14 €

2 ALTSTADT, SEVILLA

Viele Bauten stammen aus arabischer Zeit, doch Sevillas Rolle als Tor zur Neuen Welt bescherte der Stadt Reichtum. Die Kathedrale wird als größtes gotisches Gotteshaus der Christenheit betrachtet, doch sie ist eine Sammlung vieler Stile: So war die 94 m hohe Giralda erst ein Minarett, sie wurde in der Renaissance zum Glockenturm. Hauptwerk des andalusischen Regionalismus ist die Plaza de España.
Sevilla • Kathedrale: Av de la Constitución s/n • www.catedral desevilla.es • Mo–Sa 11–17, So 14.30–18 Uhr • Eintritt 9 €

3 MEZQUITA, CÓRDOBA

Nach Mekka war sie die zweitgrößte Moschee der Welt. Die Gebetsräume sind mit Mosaiken, Ornamenten, Bögen, Muschelmotiven und Zierschriften aus dem Koran geschmückt. 1236 wurde sie zur katholischen Kathedrale, 1523 begann der Bau einer Basilika. Seit 1984 ist sie Weltkulturerbe.
Córdoba • Calle del Cardenal Herrero 1 • www.catedralde cordoba.es • Mo–Sa 10–19, So 8.30–11.30, 15–19 Uhr • Eintritt 10 €

4 JEREZ DE LA FRONTERA

Mit El Puerto de Santa María und Sanlúcar de Barrameda bildet Jerez de la Frontera das weltberühmte Zentrum der Sherry- und Brandy-Produktion. In riesigen Reifekellern entwickeln sich die aus der Palomino-Fino-Traube gekelterten Weine zu Sherry oder Brandy.
35 km nordöstl. von Cádiz

5 ALCÁZAR, SEVILLA

Die Palastanlage geht auf einen maurischen Bau (9. Jh.) zurück. Der christliche König Pedro I. der Grausame (1350–1369) engagierte maurische Handwerker, um den Bau in eine prachtbetonte königliche Wohnstatt im Stile des Mudéjar zu verwandeln. Heute gilt er als bemerkenswertestes Mudéjar-Bauwerk Spaniens.
Sevilla • Plaza del Triunfo/Patio de Banderas • www.alcazar sevilla.org • tgl. 9.30–17, im Sommer 9.30–19 Uhr • Eintritt 9,50 €

DIE ZEIT

SCHLUCHT EL TAJO IN RONDA

»In Andalusien sollte man unbedingt nach Ronda fahren und in die 120 m tiefe Schlucht El Tajo hinuntersteigen, die von der Puente Nuevo, erbaut im Jahr 1802, überquert wird und die Altstadt von der Neustadt trennt.«
Ronda (zw. Jerez und Málaga) • Calle Armiñán

6 LAS CASAS DE LA JUDERÍA

Mitten in der Altstadt Córdobas in mehreren Gebäuden aus dem 17. und 18. Jh. ist das Haus mit Antiquitäten und echtem cordobesischem Kunsthandwerk eingerichtet. Es verfügt über mehrere idyllische Patios sowie ein Schwimmbad.
Córdoba • Calle alle Tomás Conde 10 • www.lascasas delajuderiadecordoba.com • 64 Zimmer

7 ARROCERÍA CASA PEPE SANCHÍS

Stammgäste halten die Reisgerichte für Andalusiens beste. Zu Recht: 2016 erhielt es das Zertifikat »Mejor Paella del Mundo«. Es gibt auch vegetarische Optionen, überwiegend werden jedoch »klassische« Varianten mit Fleich, Fisch oder Meeresfrüchten serviert.

Córdoba • Calle Naranjal de Almagro ´ 2 • www.arroceria casapepesanchis.es • Di–Fr 8–16, Sa, So 11–16 Uhr

8 LAS TERESAS

Die Atmosphäre der im Herzen des Barrio de Santa Cruz gelegenen Bar versetzt Gäste ins Sevilla zu Beginn des 20. Jh. Hier werden gute Weine und leckere Tapas serviert.
Sevilla • Calle Santa Teresa 2 • www.lasteresas.es • tgl. 10–24 Uhr

9 LOS DIAMANTES

Es gilt als eines der besten Fischrestaurants der Stadt und ist außerdem preiswert. Neben Fisch können auch Reis- und Gemüsegerichte sowie Lammkoteletts bestellt werden.
Granada • Calle Navas 28 • www.barlosdiamantes.com • Di–So 12.30–16.30, 20.30–24 Uhr

10 PASTELERÍA CASA ISLA GRANADA

»Piononos« sind eine typische Süßspeise aus Granada und werden hier jeden Tag frisch hergestellt. Achtung: Die süße Köstlichkeit macht süchtig!
Granada • Avda. Constitución 48 • www.pionono.com • Mo–So 8–21 Uhr

11 TABERNA SALINAS

Im Jahr 1879 gegründet, hat sich die authentische Córdobeser Bar auf lokale Gerichte spezialisiert. Die Beliebtheit zeigt sich auch an der Vielzahl der Besucher. Gereicht werden Tapas, aber auch vollständige Mahlzeiten, dazu gibt es eine gute Weinauswahl.
Córdoba • Calle Tundidores 3 • www.tabernasalinas.com • Mo–Sa 12.30–16, 20–23.30 Uhr

12 LUCÉRNAGA

Der Kunsthändler bietet originelle handgearbeitete Keramik und Öllampen nach antiken Vorbildern.
Córdoba • Calle San Francisco 27 • lucernaga.com

ⓘ AUSKUNFT
➤ Córdoba • Calle Torrijos ´0
➤ www.turismodecordoba.org
➤ Sevilla • Avenida de la Constitución 21
➤ www.visitasevilla.es sowie www.turismosevilla.org

📖 *Die Route der Weißen Dörfer – Ausflug von Vejer nach San Roque (Band »Ab ins Grüne« Seite 78).*

Madrid 39

Es gibt viele gute Gründe für eine Reise nach Madrid: Kunstmuseen von Weltruf, Paläste, Plätze und Klöster. Dazu finden sich hier Shoppingparadiese und Spitzenrestaurants.

1 CENTRO DE ARTE REINA SOFÍA

Die Sammlung zur Gegenwartskunst umfasst mehr als 16 000 Objekte: Die Werke Picassos, Dalís, Mirós sowie nicht spanischer Künstler wie Man Ray oder Magritte oder aus neuerer Zeit von Tapiés, Rothko und Fontana sind zu nennen.
C. Santa Isabel 52 • U-Bahn: Atocha/Lavapies • www.museoreinasofia.es • Mo, Mi–Sa 10–21, So 10–19 Uhr • Eintritt 10 €

2 PARQUE DEL RETIRO

Madrids größter und schönster Park und Treffpunkt für Ruhesuchende, Sportler und Straßenkünstler. Vor dem Palacio de Cristal dienen die Ufer eines Sees Sonnenhungrigen als Liegewiese. Der größere Estanque Grande (»Großer Teich«) lädt hingegen nicht nur zu einer Pause in einem der nahe gelegenen Cafés, sondern auch zum Rudern ein.
Haupteingang an der Pl. de la Independencia • U-Bahn: Retiro

3 MUSEO NACIONAL DEL PRADO

Kunsthistorikern gibt die Gemäldesammlung Arbeit für Jahre. Wer nur ein paar Stündchen hat, sollte seine Interessen abstecken: Spanische (1100–1900), Italienische (1300–1800), Flämische (1430–1700), Deutsche (1450–1800), Französische (1600–1800) und Britische (1750–1800) Malerei sind große Abteilungen. Zu den Schätzen zählen Arbeiten von Velázquez und Goya, die vor dem Museum als Denkmäler thronen.
Paseo del Prado • U-Bahn: Atocha • www.museodelprado.es • Mo–Sa 10–20, So 10–19 Uhr • Eintritt 15 €; mit Führung 24 €; frei tgl. die letzten 2 Stunden vor Schließung

◄ Der Rastro ist einer der ältesten und bekanntesten Flohmärkte.

4 PLAZA MAYOR

1619 von Juan Gómez de Mora auf dem Gelände eines mittelalterlichen Markts errichtet, wurde das Ensemble nach einem Brand 1790 von Juan de Villanueva mit klassizistischen Fassaden neu aufgebaut.
Plaza Mayor • U-Bahn: Sol

5 CATEDRAL DE LA ALMUDENA

Geweiht ist sie jener Marienskulptur, die nach Eroberung Madrids aus maurischer Hand in Gegenwart von König Alfonso VI. plötzlich in der bröckelnden Stadtmauer erschien. Das Innere zeigt sich durch Wand- und Glasmalereien von Kiko Argüello sowie die von José Luis Galicia ausgestaltete Kuppel mit kräftigen Farbakzenten überraschend bunt.
Calle de Bailén • U-Bahn: Ópera • www.catedraldela almudena.es • tgl. 9–20.30 Uhr, Messe zu versch. Zeiten (keine Touristen) • »donativo« (Eintrittsspende) 1 € p. P.

CARNAVAL

Zum Karneval nach Madrid? Auf die Idee kommt nicht jeder! Beginn ist alljährlich auf der Plaza de la Villa, wo am Karnevalssonntag die Kostümgruppen und Kapellen zusammenfinden. Ein großer Umzug startet Samstagabend am Parque del Retiro, und legendär ist seit Ende des 19. Jh. der Maskenball im Círculo de Bellas Artes.

6 DORMIRDCINE

Ganz vom Kino inspiriertes Hotel: Jedes Zimmer ist einem anderen Star bzw. Film gewidmet. Die originelle Dekoration, verführerische Cocktails an der Bar und ein prämiertes Restaurant verleihen dem Aufenthalt ein Gefühl von Exklusivität. Das elegante Barrio de Salamanca liegt zudem direkt vor der Haustür
Calle Príncipe de Vergara 87 • www.dormirdcine.com • 85 Zimmer

7 ARTEMISA

Eines der beliebtesten vegetarischen Restaurants in der Stadt. Die mit Käse und Champignonpastete gefüllten und mit Pistaziensauce gratinierten Zucchini- und Auberginenstreifen (»pastel persa«) sind ebenso beliebt wie das Tiramisu. Mittags werden Tagesmenüs für 11,90 € angeboten.

C. Ventura de la Vega 4 • www.restaurantesvegetarianos artemisa.com • Mo–Do, So 20.30–23.30, Fr, Sa 21–24 Uhr

8 LA INFINITO

Nicht Pub, sondern Kulturcafé: Relaxen und Bücherlesen funktioniert hier ausgezeichnet. Von der Bedienung über das Frühstück bis zu den Tapas: Alles ist betont entschleunigt. Es gibt regelmäßig Lesungen, Aufführungen und Konzerte.
C. Tres Peces 22 • www.la infinito.es • Mo, Di 10–22, Mi, Do, So 10–24, Fr, Sa 10–1 Uhr

9 LA TÍA CEBOLLA

Trubelige Taverne mit Copla- und Flamencomusik. Die Tapas sind großzügig bemessen. Der Hit ist das »Canapé Don Paco«, ein mit Käse überbackenes Schinkentoastbrot.
C. de la Cruz 27 • www.latia cebolla.es • tgl. 8–2 Uhr

10 TABERNA ORIGEN

Tapas als kleine Kunstwerke: Ein Klassiker unter den Köstlichkeiten ist der Mini-Sepia-Burger, auch Kroketten sind eine gute Wahl. Über die Häppchen hinaus gibt es »raciones« (ganze) und »medias raciones« (halbe Portionen).
Calle Juan Álvarez Mendizabal, 44 • www.origentaberna. com • Di–Sa 12.30–17, 20.30–24, So 12.30–17 Uhr

11 RASTRO

Dieser Freiluftmarkt ist ein besonderes Erlebnis. Größer und bunter geht's in ganz Spanien nicht als auf diesem Megabasar, dessen Ursprünge ins 15. Jh. zurückreichen sollen und der sich an Sonn- und Feiertagen über Straßen und Plätze um die Calle de Ribera de Curtidores erstreckt.
Um die Calle de Ribera de Curtidores, Plaza de Cascorro, Calle de las Amazonas, Plaza del General Vara de Rey, Calle de Carlos Arniches, Plaza del Campillo del Mundo Nuevo • So und feiertags ca. 9–15 Uhr

 CENTRO DE TURISMO DE MADRID
➤ Plaza Mayor, 27 • tgl. 9.30–20.30 Uhr
➤ www.esmadrid.com

Die Heimat von Cervantes, die Stadt der Störche, das »spanische Oxford« – Ausflug in die Universitätsstadt Alcalá de Henares (Band »Ab ins Grüne« Seite 80).

Barcelona 40

Die Trendige: Barcelona ist kosmopolitisch und provinziell zugleich – und dient oft als Kulisse berühmter Filmemacher. Und abends genießt man katalanische Tapas.

◄ Familiär geht es im Pinotxo zu, es gibt katalanische Klassiker.

1 MUSEU PICASSO

Picasso lebte als junger Mann mehrere Jahre in Barcelona. 3500 Werke illustrieren seine künstlerische Entwicklung. Besonders eindrucksvoll ist der Saal der »Meninas«: Vom gleichnamigen Gemälde von Diego Velázquez hat Picasso 1957 58 Variationen vorgelegt. Das Museum zeigt sie alle. C. de Montcada 15–23 • U-Bahn: Jaume I/Arc de Triomf • www.museupicasso. bcn.cat • Di–So 9–19, Do 9–21.30 Uhr • Eintritt 12 €

2 LA PEDRERA

Aufsehenerregend war das 1906–1910 erbaute Wohnhaus Antoni Gaudís seinerzeit nicht nur wegen der wuchtigen Fassade: Geschickt angelegte Innenhöfe und Maueröffnungen versorgen alle Räume mit Licht und Luft. Der Espai Gaudí unterm Dach informiert über Leben und Werk des Jahrhundertarchitekten. Carrer Provença 261–265 • U-Bahn: La Pedrera • www. lapedrera.com • März–Okt. tgl. 9–20, Nov.–Feb. 9–18.30 Uhr • Eintritt 20,50 €

3 SAGRADA FAMÍLIA

Wie sich Gaudí den Sakralbau ursprünglich vorgestellt hatte, weiß niemand: Viele Modelle gingen im Spanischen Bürgerkrieg verloren, für weite Teile hatte er ohnehin nur Skizzen. Zu Gaudís 100. Todestag soll es im Jahr 2026 fertig werden. C. de Mallorca 401 (Eingang C. de Sardenya) • U-Bahn: Sagrada Familia • www.sagradafamilia. org • Okt.–März tgl. 9–18, April–Sept. 9–20 Uhr • Eintritt 15 €

4 KATHEDRALE LA SEU

Ihr Bau begann 1298 unter Jaume II.; fertiggestellt wurde sie Ende des 19. Jh. Aus der Zeit stammt die Fassade. Das Kirchenschiff hat 28 Seitenkapellen, teils mit herausragenden Kunstwerken wie Bernat Martorells »Verklärung«. Besonders schön ist der verwunschene Kreuzgang. Eingang: Plaça de la Seu; Kreuzgang: Carrer del Bisbe • U-Bahn: Plaza Jaume I • www. catedralbcn.org • Mo–Fr 8.30–12.30, 17.45–19.30 Uhr **Eintritt frei**, 12.30–19.45 Uhr mit Eintritt, Sa 8.30–12.30, 17.15–20 **Eintritt frei**, 12.30–17.30 mit Eintritt, So, feiertags 8.30–13.45, 17.15–20 **Eintritt frei**, 14–17.30 Uhr mit Eintritt • Eintritt 6 €

5 BARRI GÒTIC

Das historische Herz der Stadt. Viele Bauten wurden im gotischen Stil errichtet – der königliche Palast, die Kathedrale oder Kirche Santa Maria del Pi. Zw. Les Rambles, Plaça de Catalunya, Via Laietana und Mittelmeer • U-Bahn: Jaume I/Liceu/Plaza Catalunya

DIE ZEIT

RESTAURANT CANET

»Im Restaurant Canet sind die Katalanen noch unter sich. In dem traditionellen Familienunternehmen gibt es einen unglaublich leckeren Ochsenschwanz und eine Tarta Tatin ohne Worte.« Carrer de Canet 38–50 • www. restaurantcanet.com • Mo–Sa 13–16, Mo–Fr 21–24 Uhr

6 HOTEL COLÓN 🛏

Eine Hotellegende im Herzen der Stadt – hier haben schon Hemingway und Sartre genächtigt. Heute atmet das Colón einen herrlich altmodischen Charme. Zum Hotel gehört ein exklusiver Spa-Bereich mit Blick auf die Kathedrale und auf das Viertel Barri Gòtic.
Av. de la Catedral 7 • www. colonhotelbarcelona.com • 129 Zimmer

7 ESSENCE - THE SWEET EXPERIENCE 🍴

In der Kochschule von Pâtissier Jordi Butrón werden auch Gäste verköstigt. Es gibt Desserts, süße und salzige Tapas in mehreren Gängen. Mit einem Nachtisch haben die kleinen Kunstwerke wenig zu tun. Mit dezentem Einsatz von Zucker gelingen Kreationen wie Kaffee-Zitronenkresse-Sorbet oder Karamellkuchen mit Anis und Oliven.

C. Sant Pere Més Alt 72 • www.espaisucre.com • Mi–Sa 21 Uhr (nur mit Reservierung)

8 GRESCA 🍴

Bewusst minimalistisches Restaurant, in dem nichts vom Essen ablenken soll: Rafael Peñas behutsam modernisierte katalanische Klassiker wie Tintenfisch mit schwarzer Blutwurst sind spektakulär – und das zu moderaten Preisen.
Carrer Provença 230 • www.foodbarcelona.com/ gresca • tgl. 13.30–15.30, 20.30–23.30 Uhr

9 MERCAT DE LA PRINCESA 🍴

Er will Sushi, sie Tapas, die Kinder Pizza. Rund um den überdachten Innenhof bieten 17 Restaurants an kleinen Ständen eine große Auswahl frisch zubereiteter Gerichte an. Ordentliche Qualität.

Carrer Flassaders 21 • www. mercatprincesa.com • Mi, Do 13–24, Fr 13–0.30, Sa 12.30–0.30, So 12.30–23 Uhr

10 PINOTXO 🍴

Juanito Bayen zaubert in seinem Imbiss traditionelle Snacks wie Kalbskopf oder Tintenfisch mit Bohnen. Dazu gibt's dann ein Glas Cava.
Mercat de la Boqueria 466–470 • www.pinotxobar. com • tgl. 7–16 Uhr

11 CLUB DEL GOURMET 🛍

Kaufhausketten wie das El Corte Inglés sind Geschmackssache, aber hier lohnt ein Besuch des Souterrains. Ob eingelegte Schwertmuscheln aus Galicien, vom Straßenpflaster inspirierte Schokoladen-»Rajoles« oder in Sterne-Restaurants erprobter »Kaviar« aus Olivenöl: Die Gourmetabteilung ist eine Fundgrube für delikate Spanien-Mitbringsel.
Plaça de Catalunya 23 • www. elcorteingles.es • Mo–Sa 9.30–21 Uhr

ⓘ BARCELONA TURISME
➤ Plaça de Catalunya 17 • tgl. 9–21 Uhr
➤ Bahnhof Sants • Plaça dels Paisos Catalans • tgl. 8–20 Uhr
➤ www.barcelonaturisme.com

📖 *Das Seebad Sitges – ein Ausflug zu einem der beliebtesten Wochenendziele der Barceloner (Band »Ab ins Grüne« Seite 82).*

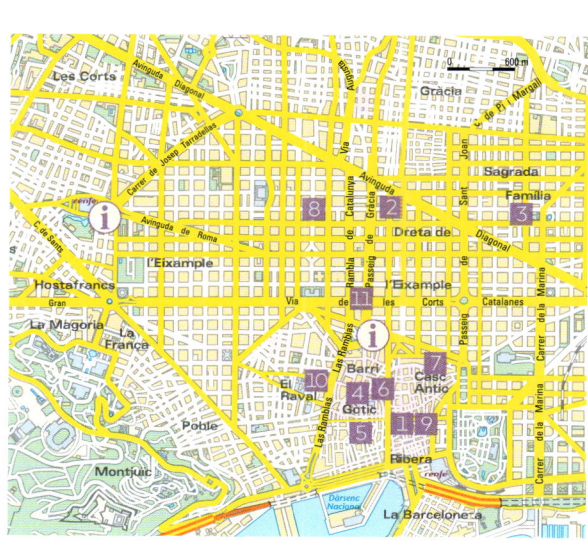

Mallorca 41

Rundherum das Meer, die Strände und eine schroffe Felsküste, in den Tälern blühen Mandelbäume und reifen die Orangen. Eine lange Gebirgskette erhebt sich, und kleine Städtchen wollen entdeckt werden.

1 ALTSTADT VON PALMA

Die Inselhauptstadt kann auf eine 2000-jährige Geschichte zurückblicken. Gegenüber der Kathedrale La Seu, einem herausragenden Beispiel gotischer Architektur, erhebt sich der Almudaina-Palast, einst Festung der arabischen Herrscher, später Residenz der Mallorquiner Könige. Viele Häuser wurden im 13. Jh. errichtet, hinter den wuchtigen Toren verbergen sich zauberhafte Patios mit Ziehbrunnen und Palmen.
Palma • Tourist Info: Plaça de la Reina 2 • www.infomallorca.net

2 CABRERA-ARCHIPEL

In Sichtweite der Küste liegt das Cabrera-Archipel mit seinen seltenen Pflanzen und Tieren. Die Inselgruppe und Gewässer rund um die »Ziegeninsel« Illa de Cabrera wurden 1991 zum Naturpark erklärt. Geschützt werden etwa

Wanderfalken, Delfine und eine endemische schwarze Eidechse. Ein Bootsausflug führt einmal rund um die Insel, dann hält man in Port de Cabrera und hat Gelegenheit zum Museumsbesuch, Baden in der Blauen Grotte und Wandern.
Mehrmals tgl. ab Colònia de Sant Jordi • www.excursionsa cabrera.es

3 ES TRENC

Kaum zu glauben: So viel Sand und Strand – kein einziges Hotel! Doch ohne Kampf der Umweltorganisationen Anfang der 1980er-Jahre wäre das nicht erreicht worden. Das Tauziehen war erfolgreich – die Dünen und Pinienwälder, die sich über 3 km von Colònia de Sant Jordi bis Sa Ràpita erstrecken, sind in naturbelassenem Zustand.
Im Südosten der Insel, 1 km nordwestl. von Colònia de Sant Jordi

◀ Für Antonios Paella fahren selbst Einheimische meilenweit.

4 SERRA DE TRAMUNTANA

Mit romantischen Bergdörfern, Klöstern und Wachtürmen der wohl reizvollste Teil der Insel. Im Windschatten dieses eindrucksvollen Bergmassivs erstrecken sich zwei Gartenlandschaften: die Horta d'Andratx und die Horta de Sóller. Während auf den hohen Bergen im Januar Schnee liegt, reifen in den Tälern die Orangen und blühen die Mandelbäume.
Im Westen und Nordwesten • www.serradetramuntana.net

5 ATELIER JOAN MIRÓ

»Wenn ich nicht mehr bin, sollen die Ateliers erhalten bleiben«, verfügte Joan Miró vor seinem Tod 1983. So kann der Besucher nun den Arbeitsplatz und einige unvollendete Werke betrachten, als sei der Meister der Moderne nur mal kurz außer Haus gegangen.
Palma • Carrer Joan de Saridakis 29 • https://miro mallorca.com • Eintritt 7,50 €

6 BORN

Das im Zentrum Palmas gelegene Herrenhaus stammt aus
dem 16. Jh. und ist ein familiär
geführtes Hotel. Die Zimmer
sind typisch mallorquinisch
eingerichtet, die Möblierung
passt zum eleganten Stadt-
palast. Frühstück gibt es im
ruhigen Innenhof.
Palma • C. Sant Jaume 3 •
www.hotelborn.com •
36 Zimmer

7 ABACO

Wer die Flügeltüren dieses
Patrizierpalasts aus dem 17. Jh.
öffnet, glaubt sich in einer Film-
kulisse: Berge von Früchten auf
antiken Tischen, goldene Spiegel, Blumen, Kerzen, klassische
Musik – und Gäste, die wie
Komparsen mit einem Cocktail
in der Hand umherwandeln.
Palma • Calle San Juan 1 •
www.bar-abaco.es • So–Do
20–1, Fr, Sa 20–3 Uhr

8 EL CRUCE

Eine Autobahnraststätte auf
mallorquinische Art: Schon
von Weitem sieht man die
vielen Lastwagen – und traut
sich vielleicht nicht hinein.
Die munteren Kellner bringen
die kräftige Inselküche aber
schnell näher.
Vilafranca de Bonany • Carre-
tera Palma–Manacor, km 41 •
www.restaurantescruce.es • Mo–
Do 6–22.30, Fr–So 6–24 Uhr

9 EL GUÍA

Ursprünglich ein Gasthof, in
dem sich (daher der Name)
Wanderführer zur zünftigen
Einkehr trafen. Mehr oder
weniger ist es in dem Haus
aus dem 17. Jh. so geblieben:
Es wird landestypisches Essen
serviert – und wohnen kann
man in den einfachen Zim-
mern auch.
Sóller • Calle Castañer 2 •
www.hotelelguia.com

10 RESTAURANT ANTONIO

Es gibt Einheimische, die
fahren quer über die Insel, um
hier Paella zu essen. Darüber
hinaus ist das Lokal für Fisch
und Meeresfrüchte bekannt.
Colònia de Sant Jordi • Carrer
Alexandre Farnese 5 • www.
restauranteantonio.net • März
Sa, So und April tgl. 13–16,
Mai–Sept. Di–So Mittag
13–16, 19.30–22.30, Okt.
Di–So 13–16 Uhr

11 FLOR D'AMETLER

Das Parfüm wird auf Basis von
Mandelblüten hergestellt, und
jede Flasche enthält, als
Echtheitszertifikat, eine dieser
Blüten. Bis zu 20 000 davon
lassen die Hersteller jedes Jahr
im Februar für ihr Parfüm
ernten, doch die restlichen
Inhaltsstoffe der Mixtur
bleiben geheim. Neben den
traditionellen Düften gibt es
auch Seifen, Körperöle und
Handcremes.
Pont d'Inca, Marratxi • Cami
de Can Frontera 73 • www.
flordametler.com • Mo–Fr
9–14 Uhr

ⓘ OFICINA DE INFOR-
MACIÓN TURÍSTICA
(O.I.T.) DE MALLORCA
➤ Palma • Plaça de la Reina 2
➤ www.infomallorca.net

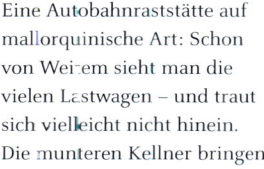

*Von Palma ins Orangental
Sóller – ein Bahnausflug
mit dem Nostalgie-Express
»Roter Blitz« (Band »Ab ins
Grüne« Seite 84).*

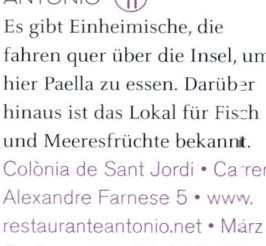

Südtirol 42

Bozen, Brixen, Meran und Bruneck liegen mitten in einer Landschaft, die Leidenschaft weckt: für die Natur, für Brauchtum und bäuerliches Leben, fürs Wandern, den Wein und die Gaumenfreuden.

◄ Im Schnalshuberhof sitzt man unter gotischem Gewölbe.

1 BOZNER LAUBEN

Das merkantile Herz des alten Bozen ist eine prächtige Gasse, die von alten Bürgerhäusern, zum Teil aus dem 12. Jh., flankiert wird. Die Enge der Laubengasse verrät den mittelalterlichen Ursprung, bis heute kann man hier gut flanieren. Für Gaumenfreuden sorgt am westlichen Ende der Lauben der Obstmarkt.
Bozen • Laubengasse

2 SÜDTIROLER ARCHÄOLOGIE-MUSEUM

Vom Ende der letzten Eiszeit um 15 000 v. Chr. bis zur Zeit Karls des Großen (800 n. Chr.) reichen die Exponate. Im Mittelpunkt steht die ca. 5300 Jahre alte Gletschermumie »Ötzi«, der »Mann aus dem Eis«.
Bozen • Museumstr. 43 • www.iceman.it • Di–So 10–18, Juli, Aug. Dez. tgl. 10–18 Uhr • Eintritt 9 €

3 SCHLOSS TRAUTT-MANNSDORFF

Attraktion der am Hang gelegenen Schlossanlage aus dem 15. Jh. ist der herrliche Botanische Garten. Um elf Pavillons gruppiert sich eine botanische Weltreise. Der Garten gilt als schönste Gartenanlage Italiens.
Meran • St. Valentin-Str. 51a • www.trauttmansdorff.it • April–15. Okt 9–19, 16.–Ende Okt, 9–18, 1.–15. Nov 9–17 Uhr • Eintritt 13 €

4 SÜDTIROLER LANDESMUSEUM FÜR VOLKSKUNDE

Zum vielleicht schönsten Freilichtmuseum Europas gehören neben einem stattlichen Herrenhaus rund 20 alte Südtiroler Bauernhäuser, Ställe, Schuppen und Werkstätten, idyllisch verteilt über eine Wiese mit knorrigen Apfelbäumen. Anschaulich zeigt das Museum das ländliche Leben von Adeligen, Bauern und Tagelöhnern. An bestimmten Tagen gibt es Vorführungen.
Dietenheim bei Bruneck • Herzog-Diet-Str. 24 • www.volkskundemuseum.it • Ostern–Okt. Di–Sa 10–17, So 14–18 Uhr, Aug. tgl. • Eintritt 7 €

5 BRIXNER DOM

Die barocke Doppelturmfassade ist Wahrzeichen der Bischofsstadt. Zu den Höhepunkten zählen die prächtigen Deckenfresken des Wiener Malers Paul Troger sowie der Hochaltar von Teodoro Benedetti. Das eigentliche Highlight jedoch ist der romanische Kreuzgang aus dem 14. Jh., der mit gotischen Fresken ausgemalt ist. Die Szenen aus Altem und Neuem Testament geben Einblicke in die Glaubensvorstellungen im Mittelalter. Der Kreuzgang gilt als wichtiger Kunstschatz.
Brixen • Domplatz • Führungen Mo–Sa 10.30, 15 Uhr • **Eintritt frei**

GÄRTNEREI SCHULLIAN

Kunsthistorikerin Martina Schullian verkauft nicht nur Blumen, es gibt auch eine Ausstellung über den Gartenbau in Südtirol, in der man z.B. erfährt, dass im Bozen des 19. Jh. Ananas angebaut wurden.
Bozen • Meraner Str. 75 a • www.glashausdrei.com, www.schullian.it • Mo–Fr 8–12.30, 14–18, Sa 8–12.30, 14–18 Uhr

6 HOTEL IMPERIALART

Alle Zimmer des Jugendstil-gebäudes gegenüber dem Kurhaus wurden von Südtiroler Künstlern eingerichtet. Man sollte ein Zimmer mit Whirlpool und Dachterrasse buchen und den Ausblick auf die Berge oder die Stadt genießen.
Meran • Freiheitsstr. 110 • www.imperialart.it • 12 Zimmer

7 EISDIELE BY NICOLAS

Direkt am Obstmarkt spachtelt Nicolas seine überaus cremigen, aromatischen Eissorten wie Ingwer-Basilikum oder Feige auf die Waffel. Erfrischend: die köstliche Himbeer-Granita. Die Wahl aus 22 exzellenten Gaumenschmeichlern macht vorheriges Schlangestehen zu einer Tugend der Vorfreude.
Bozen • Obstmarkt 7 • Mo–So 11–1 Uhr

8 HASELBURG

Hoch über Bozen liegt die Haselburg aus dem 12. Jh. Dort locken Gaumenfreuden, kulturelle Highlights und ein sensationeller Blick auf die Stadt. Für Weinliebhaber empfiehlt sich vor allem der Haselburger Zweigelt.
Bozen • Kuepachweg 48 • www.haselburg.it • Di–So 11.30–14, Di–Sa 18.30–22 Uhr

9 SCHNALS-HUBER-HOF

Bereits 1318 wurde der Hof erstmals urkundlich erwähnt. Zu Tisch sitzt man in der gemütlichen denkmalgeschützten Bauernstube, und aufgetischt werden Spezialitäten der Südtiroler Küche: Schlutzer, Knödel, Schupfnudeln, Speck und Käse. Dazu gibt es Wein, Säfte und Destillate aus dem hofeigenen Anbau, die auch im Hofladen verkauft werden.
Algund • Oberplars 2 • Ende Feb.–Juli, 15. Aug.–15. Dez. Do–So 18–24 Uhr (Vorbestellung)

10 TERRA – THE MAGIC PLACE

Die 2-Sterne-Küche des Chefs Heinrich Schneider ist modern und von subtiler Raffinesse. Die Weine empfiehlt seine Schwester, die Sommelière Gisela Schneider. Und als Sahnehäubchen: das atemberaubende Panorama der Dolomiten.
Sarntal • Auen 21 • www.terra.place/it • Mo–Sa ab 19 Uhr

11 PÂTISSERIE ACHERER

Pâtisserie mit angeschlossenem Blumengeschäft – oder umgekehrt: Sträuße aus weißen Lilien und Schneeball links, Zitronen-Basilikum-Törtchen und goldbestaubte Schokolade rechts. Die Kreationen sind stückweise zu haben, und Konditor Acherer präsentiert sie wie Juwelen. Doch keine Sorge: Der Mann kann auch Strudel.
Bruneck • Stadtgasse 8 • www.acherer.com Mo–Fr 8.30–19, Sa 8.30–18 Uhr

(i) SÜDTIROL INFORMATION
➤ Bozen • Südtiroler Str. 60
➤ www.suedtirol.info

Unter Kastanien durch das sonnige Eisacktal – Wanderung auf dem Keschtnweg (Band »Ab ins Grüne« Seite 86).

Gardasee 43

Idyllische Stadtkerne, oft im Schatten massiver Burgen: Ob Riva im Norden, Limone an der West- oder Malcesine an der Ostseite, am Gardasee wartet jeder Ort mit seinem ganz eigenen Charme auf.

1 ANDRÉ HELLERS GARTEN

Ein einzigartiges Pflanzenparadies. Edelweiß inmitten von Orchideen, Baumfarne neben Granatäpfeln. Mit seinen verwunschenen Installationen, Wasserspielen und Kunstwerken von Keith Haring, Rodin oder Roy Lichtenstein hat Heller den Garten in ein traumähnliches Labyrinth verwandelt.

Gardone Riviera • Via Roma 2 • www.hellergarden.com • März–Okt. tgl. 9–19 Uhr • Eintritt 12 €

2 LIMONE SUL GARDA

Limone ist geprägt von Zitronengärten, den Limonaie. Anfang des 19. Jh. wurde der Anbau »industrialisiert«, die letzten Gärten schlossen in den 1930er-Jahren. Seit knapp zwei Jahrzehnten werden in einem neuen Zitronengarten, der öffentlich zugänglich ist, wieder rund 50 Zitrusgewächse angebaut.

Limone • Zitronengarten in der Via Castello • www.visitlimone sulgarda.com • März–Okt. tgl. 10–18 Uhr • Eintritt 2 €

3 MALCESINE

Die Ostseite des Sees ist aus deutschsprachiger Sicht die bekanntere Seite – Goethe sei Dank. Von Norden kommend, ist Malcesine einer der ersten Orte. Das Städtchen befindet sich auf einem schmalen Uferstreifen und wird überragt von einem zum See hin steil abfallenden Burgberg. Dort erhebt sich mächtig die Scaligerburg, die den Besucher beim Schlendern durch die Gassen der Stadt wie ein Magnet anzieht. Am Hafen und an der Uferfront reihen sich venezianische Palazzi.

Am Ostufer, zu Füßen des Monte Baldo

◀ Gemma: Näher am See geht nicht, und der Fisch ist frisch.

4 SANTUARIO DELLA MADONNA DI MONTECASTELLO

Atemberaubend ist der Blick von der Wallfahrtskirche Madonna di Montecastello. Auf 680 m Höhe hängt sie wie ein Schwalbennest auf einem Felsvorsprung. Die Wände darunter fallen senkrecht ab zum See. Im Inneren gibt es einen reich vergoldeten Altar und schöne Fresken.

1 km östl. von Tignale • www. santuariomontecastello.it • April–Okt. 9–18.30 Uhr, Messe Mai–Sept. So 17 Uhr • **Eintritt frei**

5 CASCATA DEL VARONE

Aus nächster Nähe kann man beobachten, mit welcher Wucht der fast 100 m hohe Wasserfall in die düstere, cañonartige Felsenschlucht bis zum Fluss Varone hinunterschießt.

Westl. von Varone, 3,5km nördl. von Riva • www.cascata-varone.com • Eintritt 5,50 €

DIE ZEIT

LA BOTTEGA DEL VINO

»Das Restaurant La Bottega del Vino liegt in einem historischen Weinkeller in dem wunderschönen Ort Malcesine an der Nordostseite des Gardasees. Hier gibt es die beste Pizza mit Parmaschinken. Ein absolutes Muss!«

Malcesine • Corso G. Garibaldi 17 • tgl. 12–23 Uhr

6 GARNI ISCHIA

Fast wie daheim fühlt man sich. Die Zimmer im Obergeschoss bieten einen wunderbaren Blick über die Stadt und den Castello Scaligero. Als Gast kann man im schönen Garten mit Oliven-hain entspannen oder den Pool nutzen. Vom Hotel ist man in fünf Minuten an der Seilbahn-station zum Monte Baldo.
Malcesine • Via Sottodossi 5 • www.garniischia.com • 14 Zimmer

7 AL CORSARO

Am Ostufer unterhalb der Scaligerburg munden fang-frischer Fisch und ausgesuchte Weißweine im schicken Restaurant, besonders bei Sonnenuntergang. Danach lockt Malcesines zauberhafte Altstadt jenseits der Burg.
Malcesine • Via Paina 17 • www.alcorsaro.it • März–Nov. Mo–So 19–22.30 Uhr

8 GEMMA

Ein Genuss sind hier Tagliatelle und Lasagne. Auch Meeres-spezialitäten stehen auf der Karte. Das Restaurant liegt direkt am See. Am besten den Parkplatz der Promenade nutzen und 100 m zu Fuß gehen. Es ist auch per Boot zu erreichen, allerdings sollte man reservieren.
Limone sul Garda • Piazza Garibaldi 12 • www.ristorante gemma.it • tgl. 12–14.30, 18–22.30 Uhr

9 OSTERIA LA MINIERA

Die rustikale Osteria besticht durch ihre herzhafte und authentische Küche. Der Fisch kommt frisch aus dem Gardasee auf den Teller, und schwarzer Trüffel aus der Re-gion ist eine der Spezialitäten des Hauses. Über die Qualität der Speisen freut sich der Gau-men und bei den günstigen Preisen auch die Reisekasse.
Tignale • Via Chiesa 9/a • www.gardaminiera.it • Mi–Mo 12.30–14, 18.30–22 Uhr

10 PIZZERIA LEON D'ORO

Im Herzen der Altstadt von Riva liegt in einer lauschigen Gasse dieses Restaurant, das seit 1938 von Familie Salva-neschi geleitet wird. Exzellente Küche und beste Weine aus der Region.
Riva del Garda • Via Fiume 28 • www.leondororiva.it • Mit-te Nov.–Mitte März geschl.

11 MUSEO DELL'OLIO

Hier bekommen Sie einen guten Einblick in bäuerliches Leben und Handwerk am Bei-spiel der Olivenölgewinnung. Frisch gepresstes Öl, Kosmetik und andere Mitbringsel kann man gleich mitnehmen.
Cisano • Via Peschiera 54 • www.museum.it • Mo–Sa 9–12.30, 14.30–19, So 9–12.30 Uhr • **Eintritt frei**

ⓘ AZIENDA DI PROMO-ZIONE TURISTICA (APT)
➤ Riva • Largo Medaglie d'Oro al V.M. 5 • Mai–Sept. tgl. 9–19, Okt.–Apri tgl. 9–18 Uhr
➤ www.gardatrentino.it

An Pfahlbauten vorbei zu einer uralten Buche: Ausflug rund um den Ledro-See (Band »Ab ins Grüne« Seite 88).

Mailand 44

Die Wirtschaftsmetropole Italiens blickt auf über zweitausend Jahre Geschichte zurück. Haute Couture, Gourmet-Adressen, Trendsetter in Kunst und Kultur – Mailand ist immer vorne mit dabei.

◀ Die Bar Camparino hat sich ihr Jugendstil-Dekor erhalten.

1 DUOMO SANTA MARIA NASCENTE

Der unendliche Bau der zweitgrößten Kirche der Christenheit begann 1386. 1418 wurde der Hochaltar eingeweiht. Tibaldi entwarf 1616 eine Barockfassade, die später gotische Formen annahm. Napoleon I. ließ sie fast fertigstellen. Ergänzungen zogen sich bis 1950 hin. Dann war es Zeit für Renovierungen. Piazza del Duomo • U-Bahn: Duomo • www. duomomilano. it • tgl. 8–19, Dachterrasse tgl. 9–23, Okt.–Mai 9–19 Uhr • **Eintritt frei**, Dachterrasse: Treppe 9 €, Aufzug 13 €

2 CASTELLO SFORZESCO

In der gewaltigen Burg findet man heute diverse städtische Museen wie das Museo d' Arte Antica und die Pinacoteca del Castello Sforzesco mit Gemälden italienischer Meister. Im 14. Jh. ließ sich die Fürstenfamilie Visconti die wehrhafte Residenz errichten, und über die Jahrhunderte residierten hier verschiedene Herrscher. Piazza Castello • U-Bahn: Cairoli • www.milanocastello. it • Sommer: tgl. 7–19.30 Uhr, Winter: tgl. 7–18 Uhr, Museen: Di–So 9–17.30 Uhr • **Eintritt frei**, Museen 5 € • Thementour: http://adartem.it/english

3 GALLERIA VITTORIO EMANUELE II

Die exklusivste Passage Italiens wird von den Mailändern liebevoll »il salotto« (Salon) genannt. Die monumentale Anlage wurde 1865 bis 1877 von Giuseppe Mengoni erbaut. Piazza del Duomo • U-Bahn: Duomo • tgl. 0–24 Uhr, Läden und Restaurants individuell

4 TEATRO ALLA SCALA

Wer Oper sagt, meint in Mailand die Scala. Seit 1778 kamen, sangen und spielten hier viele: Caruso, Gigli, Tebaldi, Tomagno – und die Callas. Piazza della Scala 1 • Straßenbahn: Teatro alla Scala • www. teatroallascala.org • Oper: Dez.– Juli, Symphoniker: Sept.–Nov.

5 »IL CENACOLO« (»DAS ABENDMAHL«)

Das berühmte Gemälde Leonardo da Vincis bedeckt fast die gesamte Nordwand des Refektoriums der Klosterkirche Santa Maria delle Grazie. Auffällig ist die perspektivische Darstellung, bei der Jesus genau im Fluchtpunkt liegt. Piazza Santa Maria delle Grazie 2 • U-Bahn: Conciliazione • Di–So 8.15–18.30 Uhr • Eintritt 10 € (zzgl. 2 € VVK-Gebühr), am ersten Sonntag im Monat für alle kostenlos, Reservierung erforderlich über www.vivaticket.it, unter www.vignadileonardo.com Kombi-Tickets für das »Abendmahl« und den Weingarten Leonardos

6 ANTICA LOCANDA DEI MERCANTI

Das charmante kleine Haus in einem historischen Palazzo liegt in einer ruhigen Straße, aber mitten im Zentrum. Stilvolle, komfortable Zimmer, manche mit eigener Dachterrasse, und ein freundliches Personal sorgen für eine entspannte Atmosphäre.
Via San Tomaso 6 • www. locanda.it • 14 Zimmer

7 CAMPARINO IN GALLERIA

Hier wurde 1867 der Campari erfunden und selbst Verdi und die Callas waren schon Gäste. Der Campari wird mit Sodawasser zubereitet, und das kommt hier aus einer fest installierten Leitung.
Galleria Vittorio Emanuele II, Ecke Piazza Duomo • www.camparino.it • Di–So 7.15–20.40 Uhr

8 CANTINE ISOLA

Eine Institution in Mailand. Seit über einem Jahrhundert treffen sich hier Weinliebhaber. Unfassbar, wie viele Flaschen in die urige Cantina passen. Alle Weine lassen sich zur direkten Verkostung im Glas bestellen. Die Kleinigkeiten, die dazu serviert werden, schmecken wunderbar. Bei schönem Wetter kann man auch draußen sitzen.
Via Paolo Sarpi, 30 • www. cantineisola.com/it • Di–So 10–22 Uhr

9 OSTERIA AL 55

Das Ambiente erinnert an eine Bar aus den 1960er-Jahren, doch das Angebot ist äußerst innovativ. Michele und Carlo kreieren vegetarische Gerichte, die sie wie kleine Kunstwerke auf dem Teller anrichten, darunter viele vegane Varianten. Reservierung empfohlen.

Via Messina 55 • www. osteriaal55.it • Mo–Fr 7–15.30, Di–Sa 20–23.30 Uhr

10 TRATTORIA CASA FONTANA

Spezialität des Hauses sind »risotti«. 23 werden aufgetischt, eines schmackhafter als das andere. Man sitzt gemütlich, draußen gibt es eine kleine Straßenterrasse.
Piazza Carbonari 5 • www. 23risotti.it • Di–So 12.30–14, 20–22.15 Uhr

11 EATALY

Der Gourmettempel bietet italienische Köstlichkeiten wie Fleisch aus dem Piemont, Fisch aus heimischen Gewässern, Parmaschinken, typische und wenig bekannte Käsesorten, Wein, Balsamico und Olivenöl. An Ständen kann man den kleinen Hunger stillen, und oben gibt's ein Restaurant mit Panoramablick.
Piazza XXV Aprile 10 • U-Bahn: Porta Garibaldi • www. eataly.net • tgl. 10–24 Uhr

(i) UFFICIO DEL TURISMO IAT

➤ Piazza Castello 1 • Mo–Sa 9–18 Uhr (auch für Hotel, Auto und Welcome Card)
➤ www.enit.it

Hier erwarten einen mediterranes Flair, mondäne Städtchen und dazu die frische Bergluft, Ausflug an den Lago di Como (Band »Ab ins Grüne« Seite 90).

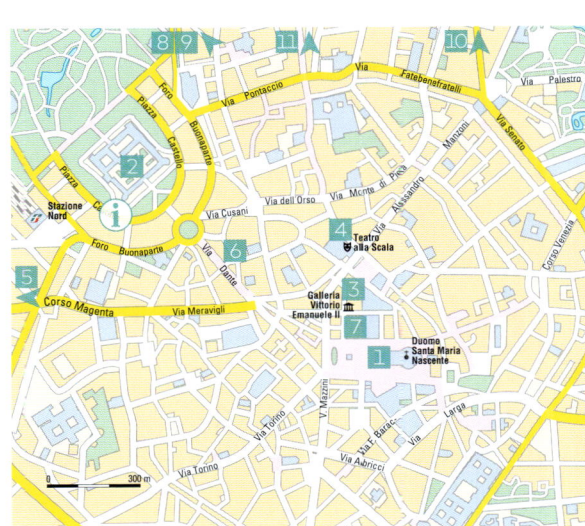

Venedig 45

Die Lagune und die alten Palazzi, rustikale »Bàcaro«-Kneipen in engen Gassen, der venezianische Alltag auf den Gemüse- und Fischmärkten – die Stadt im Wasser geizt nicht mit ihren Reizen.

1 CANAL GRANDE

Eine Fahrt auf der Wasserstraße ist eine Multivisionsschau venezianischer Geschichte: Rund 300 Häuser, Paläste und Kirchen säumen den 3800 m langen Kanal und geben einen lückenlosen Überblick über 700 Jahre. Fast keine wichtige venezianische Familie hatte es sich nehmen lassen, hier einen Palast zu errichten.

2 GUGGENHEIM COLLECTION

Moderne Kunst von weltweiter Bedeutung. 30 Jahre lebte Peggy Guggenheim in Venedig. 1949 kaufte sie den Palazzo Venier dei Leoni und trug Werke von Künstlern wie Picasso, Ernst, Kandinsky und Mondrian zusammen.
701, Palazzo Venier dei Leoni • Anleger: Salute • www.guggenheim-venice.it • Mi–Mo 10–18 Uhr • Eintritt 12 €

3 BASILICA DEI FRARI

Diese schlichte gotische Backsteinkirche der Franziskaner steht ganz im Zeichen Tizians. Für den Hochaltar schuf er die dramatische »Assunta« (1518), im linken Seitenschiff befindet sich die sinnliche »Madonna di Ca' Pesaro« (1526), im rechten liegt er selbst begraben.
Campo dei Frari • Anleger: San Tomà • www.basilicadeifrari.it • Mo–Sa 9–18, So 13–18 Uhr • Eintritt ab 3 €

4 PONTE DI RIALTO

Die Ufer des Canal Grande waren in Rialto, dem Handelszentrum der Stadt, seit jeher verbunden: ab 1264 durch eine Holzbrücke, die 1444 unter den Zuschauern eines Hochzeitszugs zusammenbrach. Die darauf folgende Konstruktion war im 16. Jh. nicht mehr gut genug, bei einem Wettbewerb ging Da Ponte als Sieger hervor.

◀ Unter den Arkaden im Caffè Florian saß schon Casanova.

12 000 Ulmen- und Eichenpfähle wurden für die Brücke in den Boden gerammt – bis Mitte des 19. Jh. der einzige Fußweg über den Canal Grande.
San Polo • Anleger: Rialto

5 SAN MARCO

San Marco ist der kleinste, aber (kunst-)historisch bedeutungsvollste Stadtteil. Hier liegen die Zentren der politischen und religiösen Macht rund um die Piazza San Marco. Im 12. Jh. war sie der größte Platz der Welt und bot Raum für die Selbstdarstellung der aufstrebenden Großmacht. Ein Muss sind der gotische Palazzo Ducale und die orientalisch geprägte Basilica di San Marco mit ihren goldenen Mosaiken.
Piazza San Marco • Anleger: San Marco • Dogenpalast: www.visitmuve.it, Eintritt 20 €, Markuskirche: www.basilicasanmarco.it, Basilika: **Eintritt frei**, Museum: Eintritt 5 €, Glockenturm: Eintritt 8 €

DIE ☖ ZEIT

LA BOTTIGLIA

»In Venedig kann man vor einem Besuch des Palazzetto Bru Zane (Zentrum für französische Musik der Romantik) wunderbar in dem kleinen Lokal La Bottiglia einkehren und Häppchen sowie beste Weine zu sich nehmen.«
2537, Calle dei Muti San Polo • Mo–Fr 7–22, Sa, So 10–22.30 Uhr

6 ACCADEMIA

Diese auch als »Villa Mara-vegie« bezeichnete Pension liegt am Canal Grande in einem Palazzo aus dem 17. Jh. mit romantischem Garten, in dem auch gefrühstückt werden kann. Die komfortablen Zimmer sind im venezianischen Stil eingerichtet.
1058, Fondamenta Bollani • www.pensioneaccademia.it • 29 Zimmer

7 BISTROT DE VENISE

Zu Stockfisch, Aal und Scampi, die nach Rezepten des 14. und 15. Jh. zubereitet werden, bietet man in dieser Lokalität Kunstausstellungen und literarische Abende. Das Interieur ist geschmackvoll venezianisch.
4685, Calle dei Fabbri • www.bistrotdevenise.com • tgl. 12–15, 19–24 Uhr (Restaurant), tgl. 11–24 Uhr (Bar)

8 CAFFÈ FLORIAN

Kaffeehaus von 1720 unter den Arkaden des Markusplatzes, das älteste Italiens. Hier sind Casanova und Goldoni eingekehrt, Goethe und Lord Byron und Intellektuelle und Künstler zu allen Zeiten. Das Lokal ist teuer, aber selbst die Venezianer treffen sich gern im pompösen Samt-Stuck-Ambiente.
57, Piazza San Marco • www.caffeflorian.com • tgl. 9–24 Uhr

9 COV NO

In dem gemütlichen Lokal gibt es nur sechs Tische, doch auf die, die sich einen Platz ergattern, warten kulinarische Hochgenüsse zu Preisen, die für Venedig sehr günstig sind. Reservierung nötig.
3829, Calle del Pestrin • www.covinovenezia.com • Do–Mo 12.30–14.30, 19–22.30 Uhr

10 IL NUOVO GALEON

Gleich ein bisschen wie ein Matrose fühlt man sich in diesem mit einem Schiffsrumpf eingerichteten Lokal zwischen Biennalegärten und Arsenal. Abseits der Touristenrouten wird bodenständige venezianische Küche aus garantiert frischen Fischen und Meeresfrüchten serviert.
1309, Via Giuseppe Garibaldi • www.ilnuovogaleon.com • Hauptsaison: Mo–So 9.30–15.30, 18–23.30 Uhr

11 LIBRERIA TOLETTA

Hier macht das Stöbern so richtig Spaß. Einheimische und Studenten der nahen Universität sind die Stammkunden der gut besuchten Buchhandlung mit Café, die auf eine 80-jährige Geschichte zurückblicken kann.
1214, Saca de la Toletta • www.libreriatoletta.it • Mo–Sa 9–19.30, So 10.30–18.30 Uhr

i AZIENDA DI PROMOZIONE TURISTICA

➤ Palazzina ex Giardini Reali • Mo–Sa 10–18 Uhr
➤ Bahnhof Santa Lucia • tgl. 9–19 Uhr
➤ 6a, Viale S.M. Elisabetta • Mo–Sa 9–19 Uhr (im Sommer)
➤ www.veneziaunica.it

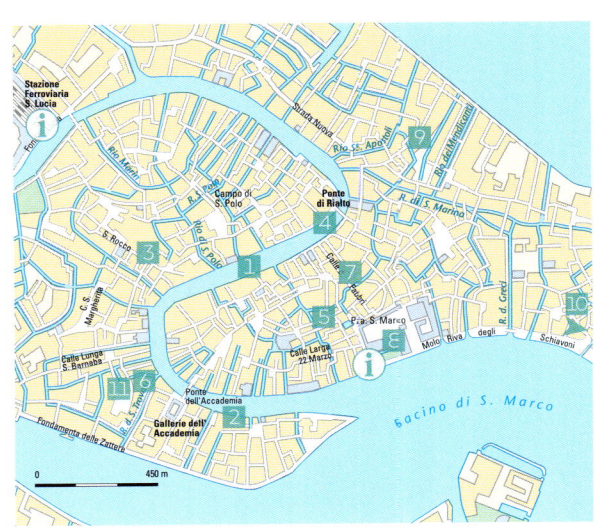

Auf dieser Laguneninsel zeigt die Stadt ihr Alltagsgesicht: Giudecca – ein unbekanntes Venedig (Band »Ab ins Grüne« Seite 92)

93

Toskana 46

Florenz, Pisa und Siena beeindrucken mit ihrer Architektur und ihren Kunstdenkmälern, dazu gibt es in der Toskana landschaftlich, kulturell und kulinarisch so einiges, was einem das Leben versüßt.

◄ Der Weinkeller der Taverna di San Giuseppe ist aus dem 3. Jh. v. Chr.

1 DUOMO DI SANTA MARIA DEL FIORE

Den Aufstieg in die Kuppel sollte man schon wegen des Ausblicks aus 106 m Höhe auf sich nehmen. Der Bau des Doms dauerte 600 Jahre, die neugotische Fassade bildete 1887 den Abschluss. Rechts davon befindet sich der Campanile, der Glockenturm des Renaissancevorreiters Giotto. Den Komplex vollendet die romanische achteckige Taufkirche Battistero di San Giovanni. Die dem Dom zugewandte goldene Tür ist als »Paradiespforte« bekannt und zeigt biblische Szenen, meisterhaft ausgeführt von Lorenzo Ghiberti Anfang des 15. Jh. Florenz • Piazza del Duomo • Bus: Studio • Mo–Sa 10–16.45, So 13.30–16.45 Uhr • Dom: **Eintritt frei**; Kombiticket Kuppel, Campanile und Battistero 15 €

2 PONTE VECCHIO

Die 1345 errichtete Brücke dient als Verbindung zwischen den Flussufern des Arno und ist zugleich das Zentrum des Florentiner Schmuckhandels. Viele Traditionsgeschäfte haben hier ihren Sitz. Florenz • Bus: Ponte Vecchio

3 SAN GUSMÈ

Bei dem historisch gewachsenen Zentrum gewinnt man den Eindruck, hier sei ein Bühnenbildner am Werk gewesen, um einem ein typisch toskanisches Dorf zu präsentieren. 30 km nordöstl. von Siena, über SS 73 und SP 484 (Castelnuovo Berardenga)

4 SIENA

Die Stadt ist architektonisch dem Spätmittelalter verhaftet. Auf dem Hauptplatz, der Piazza del Campo, findet jedes Jahr das berühmte Pferderen-nen statt. Hervorzuheben sind der Dom Santa Maria Assunta, der Palazzo Pubblico mit dem Museo Civico und die Aussicht vom 102 m hohen Turm des Palasts, des Torre del Mangia. 75 km südl. von Florenz • Piazza del Campo 1 • www.comune.siena.it • Museum: Eintritt 9 €, Turm: 10 €

5 SCHIEFER TURM VON PISA

Schief war der Glockenturm schon bei seiner Fertigstellung, da er auf zu sandigem Boden errichtet worden war. Er liegt auf der Piazza dei Miracoli, auf der neben dem Turm der Dom, das Baptisterium und der Camposanto (Friedhof) ein einzigartiges Ensemble architektonischer Glanzlichter der Romanik und Gotik bilden. Pisa • Campo dei Miracoli • www.opapisa.it • Jan.–Feb. tgl. 9–18, März, Okt.–Dez. 9–19, April, Mai 9–20, Juni–Sept. 9–22 Uhr • Schiefer Turm: Eintritt 18 €

GIARDINO SCOTTO

Die grüne Oase mitten in Pisa war einst eine Festung. Heute locken der Kinderspielplatz, die herrliche Ruhe und das Grün der Palmen. Im Sommer werden im Giardino Scotto oft Freiluftkinovorstellungen oder Konzerte veranstaltet. Pisa • Eingang am Lungarno Fibonacci • 8 Uhr bis Sonnenuntergang

6 LA CISTERNA 🛏

Man nächtigt in einem jahrhundertealten Palazzo mit Blick
auf die abends zauberhafte
Piazza Cisterna. Gefrühstückt
wird auf der Panoramaveranda.
San Gimignano • Piazza Cisterna 23 • www.hotel cisterna.it •
48 Zimmer

7 IL BISTROT 🍴

Hier verliebt man sich – wenn
nicht in sein Gegenüber, so
doch in das elegante und dennoch gemütliche Lokal.
Sehr gut sind die »pici« mit
Käse, Birne und Pfeffer.
Pisa • Piazza Chiara Gamba-
corti 17 • www.ilovebistrot.
it • So–Di, Do, Fr 12.30–15,
Do–Di 19–1 Uhr

8 IL CIBREO 🍴

Elegantes Lokal, in dem ver-
feinerte Gerichte der einfachen
Florentiner Küche von Fabio
Picchi gekocht werden.

Florenz • Via Andrea del
Verrocchio, 5 r • www.
cibreo.com/ristorante • Di–So
9–23.30 Uhr

**9 KONDITOREI
NANNINI** 🍴

Cantucci, Panforte, Ricciarelli ...
Die Nanninis sind die altein-
gesessenste Konditorfamilie
Sienas. Berühmtestes Mitglied
ist die Sängerin Gianna Nannini. Man kann hier exzellent
frühstücken. Außer den Süßigkeiten ist der hiesige »aperi-
tivo«, das typische Büfett vor
dem Abendessen, sehr beliebt.
Siena • Via Banchi di Sopra 24 •
www.grupponannini.it • Mo–
Do 7.30–21.30, Fr 7.30–22.30,
Sa, So 7.30–23.30 Uhr

10 MAYDAY CLUB 🍴

Hier gibt es hervorragende
klassische Cocktails und englische Craft-Beers im 1920er-
Jahre-Ambiente.

Florenz • Via Dante Alighi-
eri 16 r • www.maydayclub.it •
Di–Sa 19–2 Uhr

**11 TAVERNA DI SAN
GIUSEPPE** 🍴

Das schöne Gewölbe stammt
aus dem 12. Jh. In der Küche
regiert dementsprechend
die Tradition: Besonders gut
sind die »gnocchi verdi«, die
Pasta-Gerichte mit Trüffeln
und die Weine. Besichtigen
sollte man den in Tuffstein
gegrabenen Weinkeller.
Siena • Via Giovanni Duprè
132 • www.tavernasan
giuseppe.it • Mo–Sa 12–
14.30, 19–22 Uhr

**12 MOSTRA-MERCATO
DELL'ANTIQUARIATO** 🔋

Gut 115 Aussteller bieten um
die Piazza dei Cavalieri ihre
Waren feil: Bauernmöbel,
Geschirr, Lampen, Bilderrahmen, Uhren und allerlei weitere
schöne alte Dinge.
Pisa • Piazza dei Cavalieri •
jeden 2. Sa und So im Monat
außer Juli und Aug. 8–19 Uhr

ℹ **UFFICIO INFORMAZI-
ONI TURISTICHE**
➤ Florenz • Piazza San Giovanni 1 (am Dom) • Mo–Sa
9–19, So 9–14 Uhr
➤ Siena • Piazza Duomo 1 •
www.terresiena.it • tgl. 9–18 Uhr

 *Weinberge und Oliven-
haine satt verspricht ein
Ausflug durchs Chianti-
Gebiet (Band »Ab ins Grüne«
Seite 94).*

Rom 47

Zwischen Antike und Gegenwart, Alltag und Ewigkeit, lässiger Lebenskunst und beherrschtem Chaos – in der Stadt am Tiber vermischen sich Vergangenheit und Moderne.

1 FORUM ROMANUM

Zur Zeit der Republik (510–44 v. Chr.) war es das politische Zentrum, während der Kaiserzeit zogen siegreiche Feldherren über die Via Sacra zum Jupiter-Tempel auf dem Kapitol. Heute ist es eine beeindruckende Ausgrabungsstätte.
Largo Salara Vecchia 5 und Via di San Gregorio 30 • U-Bahn: Colosseo • www.archeoroma.beniculturali.it • tgl. 8.30 Uhr bis 1 Std. vor Sonnenuntergang • Eintritt 12 € (Sammelticket: 2 Tage inkl. Kolosseum und Palatin)

2 PETERSDOM

Das berühmteste Gotteshaus der Christenheit steht im Vatikanstaat und ist nicht nur ob seiner Größe ein Sakralbau der Superlative. Auch wegen der unzähligen Kunstschätze: die Pietà von Michelangelo, der Bronze-Petrus von Arnolfo di Cambio, der mächtige Baldachin Berninis über dem Hauptaltar. Auch die Papstgrabmäler, die Schatzkammer (Tesoro), die Sacre Grotte Vaticane und die Tomba di San Pietro lohnen den Besuch. Der Aufstieg bzw. Lift zur Kuppel liegt rechts der Basilika.
Piazza San Pietro • U-Bahn: Ottaviano-San Pietro • www.vatican.va • Petersdom: April–Sept. tgl. 7–19, Okt.–März tgl. 7–18.30 Uhr, **Eintritt frei** • Tesoro: April–Sept. 9–18.50, Okt.–März 9–17.50 Uhr, Eintritt 6 € • Kuppel: April–Sept. 8–18, Okt.–März 8–17 Uhr, Eintritt 6 €, mit Lift 8 €

3 FONTANA DI TREVI

Von Nicola Salvi ab 1732 geschaffenes Barockensemble um den Meeresgott Oceanus. Über eine aus Fels geformte »Küstenlandschaft« ergießt sich Wasser hinunter ins weite

◀ Der Cappuccino im Sciascia Caffè gilt als bester Roms.

»Meer«. Das ewig fließende Wasser gilt als Sinnbild der Lebenskraft der Ewigen Stadt.
Piazza di Trevi • Bus: Tritone

4 KOLOSSEUM

Das alte Rom schätzte bereits die Spaßgesellschaft, freilich eine sehr grausame, im Kolosseum, das von 72 bis 80 n. Chr. errichtet wurde.
Piazza del Colosseo • U-Bahn: Colosseo • www.archeoroma.beniculturali.it • tgl. 8.30 Uhr bis 1 Std. vor Sonnenuntergang • Eintritt 12 €

5 PANTHEON

Dieser Tempel steht noch, da Kaiser Phokas ihn 609 n. Chr. Papst Bonifaz IV. schenkte, der ihn zur Kirche weihte. Vor dem Rundbau erhebt sich die Vorhalle mit 16 Granitsäulen, im Inneren beeindruckt die Besucher v. a. die Kuppel.
Piazza della Rotonda • Bus: Rinascimento • Mo–Sa 8.30–19.30, So 9–18, feiertags 9–13 Uhr • **Eintritt frei**

DIE ZEIT

FELICE A TESTACCIO

»Ein Geheimtipp von Einheimischen ist das Restaurant Felice a Testaccio in Rom: Die hausgemachten Pfefferkäsenudeln sind nur zu empfehlen, inkl. Erlebniszubereitung! Unbedingt reservieren.«
Via Mastro Giorgio 29 • Bus: Marmorata • www.feliceatestaccio.it • tgl. 12.30–15, 19–22.30 Uhr

6 ISA DESIGN HOTEL 🛏

Das Boutiquehotel ist nicht weit vom Vatikan entfernt und hat einen Dachgarten mit Terrasse, wo man beim Frühstück die Kuppel des Petersdoms schon vor dem Besuch dort bewundern kann. Abends wird aus dem Dachgarten eine Bar, sodass auch einem romantischen Sonnenuntergang nichts im Wege steht.
Via Cicerone 39 • www.hotel isa.net • 53 Zimmer

7 ART STUDIO CAFÉ 🍴

Hier hat man die Wahl: Cappuccino mit Croissants am Morgen, kleine Gerichte mittags, am Nachmittag ein Glas Wein oder ein Cocktail mit hausgebackenem Kuchen. Originell übrigens: Kreative Gäste können hier auch selbst töpfern, Mosaike erstellen oder Teller, Vasen und Bilderrahmen bemalen.
Via Faolo VI 27 • www.artstudio cafe.it • tgl. 7.30–21.30 Uhr

8 BIR & FUD 🍴

Ein In-Lokal, das auf eine interessante Bierauswahl kleinerer Hausbrauereien setzt. Dazu gibt es diverse Pizzen und auch gute italienische Küche wie Artischocken-Variationen oder Mozzarella. Wer einen Tisch möchte, sollte besser reservieren. Sonst sitzt man an der langen Bar.
Via Benedetta 23 • www.birand fud.it • Fr–So 12–2, Mo–Do 18–2 Uhr (Küche bis 1 Uhr)

9 DA CESARE 🍴

Die Menükarte dieser beliebten Trattoria ist lang, und alles schmeckt köstlich – von Buletten aus Kochfleisch und frittierten Auberginenbällchen über Tagliatelle oder Tonnarelli »frutti di mare« bis zu den Fisch- und Fleischgerichten. Am Wochenende ist eine Reservierung zu empfehlen.
Via del Casaletto 45 • www trattoriadacesare.it • Do–Di 12.45–15, 19.45–23 Uhr

10 SCIASCIA CAFFÉ 🍴

Das Sciascia hat eine Tradition in Sachen Kaffee, die bis 1919 zurückreicht. Seither wird hier geröstet und aufgebrüht. Gäste schwärmen vom Cappuccino, der als bester Roms gilt. Eine kühne Behauptung, die Kaffeefreunde gern überprüfen.
Via Fabio Massimo 80/a • tgl. 7–21 Uhr

11 EINKAUFEN WIE DIE RÖMER 🛍

Im Modeviertel zwischen der Piazza di Spagna über die Via Condotti bis zum Largo Goldoni an der Via del Corso bummeln elegante Römer, die es zum Einkaufen in die Innenstadt zieht.
Um die Via del Corso

ℹ TURISMO ROMA

➤ Stazione Termini: Esquilino • Via Giolitti 34, Binario 24 • tgl. 8–19.30 Uhr
➤ Aeroporto Leonardo da Vinci, Terminal C • tgl. 9–18.30 Uhr
➤ www.turismoroma.it

📖 *Entlang der Katakomben und antiken Villen an der Königin der Straßen – Ausflug zur Via Appia (Band »Ab ins Grüne« Seite 96).*

Palermo 48

Wer Palermo nicht kennt, hat Sizilien nicht gesehen.
Das arabisch-normannische Erbe ist weltberühmt,
auf den Basaren blüht der Handel, und doch hat sich
die Stadt einen fast morbiden Charme bewahrt.

1 CATTEDRALE

Den Grundstein legten die
Normannen im Jahr 1185, Chor
und Apsiden zeugen von ihrem
Bau. Die Fassade erhielt ein go-
tisch-katalanisches Portal, der
Innenraum wurde im Klassizismus überarbeitet, zeitgleich
erhielt die Kathedrale eine
unpassende Kuppel. Von kunst-
historischer Bedeutung sind die
vier Porphyr-Sarkophage.
Corso Vittorio Emanuele •
Bus: Bonello/Cattedrale • tgl.
9–17 Uhr • Eintritt 3 € für
Herrschergräber und Krypta

2 PALAZZO DEI NORMANNI UND CAP-PELLA PALATINA

Der Sitz der sizilianischen
Regierung und des Parlaments
kann größtenteils nur von
außen besichtigt werden. Der
Palast wurde im 9. Jh. von den
Arabern errichtet und von
den Normannen erweitert. Die
Hauptsehenswürdigkeit ist
die Cappella Palatina, die mit
prachtvollen Mosaiken und
Ornamenten verziert ist.
Piazza Indipendenza • Bus:
Indipendenza/Palazzo Reale •
www.cappellapalatinapalermo.
it • Mo–Sa 8.15–17.40, So,
feiertags 8.15–13 Uhr • Fr–
Mo, feiertags 12 €, Di–Do 8 €

3 SAN GIOVANNI DEGLI EREMITI

Die kleine, von fünf roten
Kuppeln gekrönte Kirche
liegt inmitten eines wunderschönen Gartens und ist ein
faszinierendes Beispiel für
die Vermischung islamischer
und christlicher Architektur.
Der von exotischen Pflanzen
umgebene Kreuzgang aus dem
13. Jh. vermittelt eine märchen-
hafte Atmosphäre.
Via dei Benedettini • Bus:
Benedettini • tgl. 9–19, So
9–13.30 Uhr • Eintritt 6 €

◄ Auf dem Ballarò wird vorwie-
gend Obst und Gemüse verkauft.

4 CASTELLO DELLA ZISA

Obwohl das Lustschloss im
12. Jh. von den Normannen
in Auftrag gegeben wurde,
verkörpert es in erster Linie
den arabischen Lebensstil, ein
Brunnensaal bildet den Mittelpunkt des Bauwerks.
Piazza Guglielmo il Buono •
Bus: Michele Piazza • Di–Sa
9–19 Uhr • Eintritt 6 €

5 CONVENTO DEI CAPPUCCINI

Ein Besuch der Katakomben
ist ein makabres Erlebnis. Im
Keller des Kapuzinerklosters
wurden bis 1881 rund zwei
Jahrhunderte lang Angehörige
der Oberschicht mumifiziert
und teils ohne Särge bestattet.
Manche wurden direkt an der
Wand befestigt, wo sie in zer-
schlissenen Gewändern an die
Vergänglichkeit erinnern, andere liegen in offenen Särgen.
Piazza Cappuccini • Bus:
Pitre'/Pindemonte • www.
catacombepalermo.it • tgl.
9–13, 15–18 Uhr • Eintritt 3 €

DIE ZEIT

VUCCIRIA-MARKT
»In Palermo sollte man unbedingt
den Vucciria-Markt besuchen –
selten kann man so schnell in
das sizilianische Lebensgefühl
eintauchen wie hier. Dazu entdeckt
man noch die arabischen Wurzeln
der Stadt.«
Piazza Caracciolo • Bus: Roma-
Vucciria • Mo–Sa 8–14 Uhr

6 PALAZZO BRUNACCINI

Zentral im Herzen der Altstadt übernachtet man in einem restaurierten Palazzo. Die Räume sind stilvoll mit Bildern und Wandbehängen des sizilianischen Designers und Künstlers Eugenio Vazzano dekoriert. Zum Hotel gehört eine schicke Cocktail-Bar mit Lounge.
Piazzetta Lucrezia Brunaccini 9 • www.palazzo brunaccini.it • 18 Zimmer

7 ANTICO CAFFÉ SPINNATO

Café und »birreria«, die schon seit 1860 Getränke ausschenkt. Elegante Atmosphäre, bemerkenswerte Cocktails und großartiges Eis. Die Speisekarte ist in den letzten Jahren erweitert worden, sodass man hier auch gut essen kann, darunter hervorragende »arancini« (kleine panierte Reisbällchen).

Via Principe di Belmonte 107/115 • www.spinnato.it • So–Fr 7–1, Sa 7–2 Uhr

8 BASQUIAT

Die stimmungsvolle Café-Bar mitten in Palermo ist randvoll mit Fotos und Zeichnungen, die teils den amerikanischen Künstler Jean-Michel Basquiat ehren. Ein guter Ort für einen nachmittäglichen Kaffee oder abends ein Bier. Und wenn dann doch noch der Hunger kommt: gekocht wird auch.
Via Sant' Oliva 20 • Mo–Fr 13–0.30, Sa 13–15, So 17–0.30 Uhr

9 DA FRIDA

Erstklassige Pizzen in einem modernen Ambiente. An den Wänden hängen Reminiszenzen an die mexikanische Künstlerin Frida Kahlo. Im Sommer sitzt man schön auf der Terrasse.

Piazza Sant'Onofrio 37 • www.fridapizzeria.it • Mi–Mo 19.30–24 Uhr

10 FRESCHETTE

Auch in Palermo muss man nicht auf Bio verzichten. Das von zwei engagierten jungen Frauen geführte Restaurant mit Bioladen ist auch bei Einheimischen beliebt. Auf der Karte stehen abwechslungsreiche Gerichte zu günstigen Preisen, auch vegan und/oder glutenfrei, sowie leckere Nachtische. Bei sommerlichem Wetter mit Straßenterrasse.
Piazzetta Monteleone 5 • www.freschette.com • Di–So 12.30–15.30, Di–Sa 20–22.30 Uhr

11 SIZILIANISCHES MARKTTREIBEN

Der Ballarò ist der lebendigste, bunteste und beliebteste Markt der Stadt. Hunderte von Ständen, die als Bühne für das quirlige Leben Palermos dienen.
Zwischen Piazza Ballarò und Piazza del Carmine • Mo–Sa 7.30–20, So 7.30–13 Uhr

ⓘ **ASSESSORATO DEL TURISMO**
➤ Via Emanuele Notarbartolo 9
➤ www.regione.sicilia.it/turismo

Die »schwarze Perle des Tyrrhenischen Meeres« – Ausflug zur Insel Ústica (Band »Ab ins Grüne« Seite 98).

Malta 49

Der kleine Inselstaat hat viele Trümpfe auf der Hand: die Schönheit seiner Natur, die Pracht der historischen Bauten und alten Tempel – ach ja, und da wären noch das Meer und die internationale Küche.

1 HAFENRUNDFAHRT

Maltas Hauptstadt Valletta und ihre Vorstadt Floriana liegen wie ein gewaltiges Schlachtschiff auf der Sciberras-Halbinsel zwischen zwei prächtigen Naturhäfen, dem Marsamxett und Grand Harbour. Zum Meer hin bilden hohe Festungsmauern eine unüberwindbare Bordwand. Am besten lernt man die Lage der Stadt bei einer Hafenrundfahrt kennen.

Ferry Pier • Sliema • mehrmals tgl. • www.captainmorgan.com. mt • Fahrkarten ab 16 €

2 ST. JOHN'S CO-CATHEDRAL

Die Barockkirche, 1573–1577 erbaut, war Hauptkirche des Johanniterordens. Kunstvolle Grabplatten aus farbigem Marmor bedecken den Boden, darauf sind Namen und Taten der beigesetzten Ritter genannt. Die Pfeiler und Bögen sind mit Reliefs übersät und kostbar vergoldet. Größter Schatz im Museum ist ein Altarbild von Michelangelo Merisi da Caravaggio: »Die Enthauptung Johannes des Täufers«.

Valletta • Republic Street/ St. John Street • www.stjohns cocathedral.com • Mo– Fr 9.30–16.30, Sa 9.30– 12.30 Uhr • Eintritt 6 €

3 HAGAR QIM

Diese steinzeitliche Tempelanlage liegt schön oberhalb der sanft zum Meer abfallenden Küste. Sie entstand in zwei Phasen um 3500 und 2800 v. Chr. und besteht aus mehreren Räumen, die von einer freizügig geschwungenen Fassade eingefasst sind.

13 km westl. von Marsaxlokk • www.heritagemalta.org/muse ums-sites/hagar-qim-temples • April–Sept. tgl. 9–18, Okt.– März 9–17 Uhr • Eintritt 10 €

◄ In der Bar Level 22 wollen alle, nome est omen, hoch hinaus.

4 SALINEN VON MARSALFORN

Die ausgedehnten Becken sind von Hand zur Salzgewinnung aus dem Küstengestein gehauen. Man kann über Stege balancieren und den Anblick der von der See glatt geschliffenen Felsen genießen.

Gozo • zw. Marsalforn und Xwieni Bay • www.visitgozo.com

5 ST. AGATHA CATACOMBS

In den Katakomben sind Wandmalereien aus römischer, frühchristlicher und mittelalterlicher Zeit zu sehen. Stufen führen hinab in eine Höhlenkapelle. Hier hielt sich Mitte des 3. Jh. die hl. Agatha verborgen, um Nachstellungen eines römischen Beamten zu entgehen. Die Kapelle ist mit Fresken aus dem 12. Jh. geschmückt, die zu den ältesten christlichen Malereien der Insel gehören.

Rabat • Mo–Fr 9–16.30, Sa 9–12.30 Uhr, Führungen etwa halbstündl. • Eintritt 5 €

ARGOTTI BOTANICAL GARDENS

Auf einer Bastion der Stadtmauer Florianas liegt der Botanische Garten. Er wurde 1774 als Privatgarten gegründet. Ein Teil ist frei zugänglich, für die wissenschaftliche Abteilung wird Eintritt erhoben.

Valetta • Floriana, The Mall • 16. Mai–Sept. Mo–Fr 9– 14.30, Okt.–15. Mai Mo–Fr 9–14.30 Uhr • Eintritt 3 €

---

6 HARBOUR LODGE 🛏

Schlichte, moderne Pension mit geräumigen Zimmern für zwei bis acht Personen mitten im Ort. Hier kann man sich ganz unter Einheimischen fühlen, die Bushaltestelle nach Valletta ist nur 2 Min. entfernt, zum Strand und zur Strandpromenade mit einer Vielzahl von Cafés und Restaurants geht man 10 Minuten.
Marsaxlokk • 38 Triq San Piju V • www.harbourlodge malta.com • 17 Zimmer

7 IL-MERILL 🍴

In dieser ursprünglichen Taverne mit nur 32 Plätzen, nahe der Uferstraße, bereiten die so herzlichen wie professionellen Inhaber insbesondere frischen Fisch und maltesische Spezialitäten zu.
Sliema • 9, St. Vincent Street • www.facebook.com/IlMerill • Mo–Sa 17–23 Uhr

8 KING'S OWN BAND CLUB 🍴

Nirgendwo kann man sich leichter unters Volk mischen als in einem der Stammlokale der Bandas, der örtlichen Musikkapellen. Eines davon, der King's Own Band Club, liegt zentral in der Fußgängerzone, so ist man mitten im Treiben und lässt sich zugleich die Malteser Küche schmecken.
Valletta • Republic St. 274 • tgl. 8–23 Uhr

9 LEVEL 22 🍴

In der Lounge-Bar im 22. Stock von Maltas höchstem Gebäude, treffen sich Nachtschwärmer im Edelambiente mit grandiosem Blick über Malta zu Cocktails und Champagner. Das »Sehen und Gesehenwerden« ist so wichtig wie die Musik.
San Giljan • Portomaso Tower • www.22.com.mt • Mi–Sa 21.30–4 Uhr

10 TA' FRENC 🍴

Das gozitanische Spitzenrestaurant in einem Farmhaus aus dem 17. Jh. setzt auf frische Kräuter aus dem Garten und auf Inselprodukte.
Gozo • Xaghra • Ghajn Damma St. • www.tafrenc restaurant.com • Mi–Mo 12–13.30, 19–21.30 Uhr

11 TAL-FAMILJA 🍴

Das Restaurant am Ortsrand gilt als eines der besten der Insel. Ungewöhnliche Vorspeisen sind z.B. Kaninchenleber und Fischfrikadellen.
Marsascala • Triq il-Gardiel • www.talfamiljarestaurant.com • Di–So 12–15, 18–23 Uhr

12 CHARLES GRECH CAFÉ 🍴

Das Café im Stil der Belle-Époque führt im Untergeschoss ein Feinkostgeschäft mit maltesischen Spezialitäten, Weinen und Spirituosen.
Valletta • 10 Republic Street • www.charlesgrech.com • Café Mo 8–21, Di–Do 8–23, Fr, Sa 8–1, Laden Mo–Sa 9–19 Uhr

ℹ MALTA TOURISM AUTHORITY

➤ Valletta • 28 Melita Street
➤ www.visitmalta.com
➤ Gozo • Victoria • 17 Independance Square
➤ www.gozo.com

📖 *Eine Bootsrundfahrt mit Badestopp – um Malta und Comino (Band »Ab ins Grüne« Seite 100).*

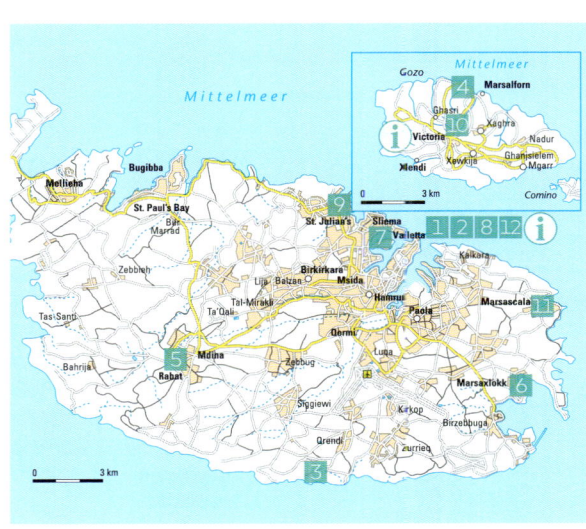

Dubrovnik 50

Das einzigartige Altstadtensemble innerhalb von Festungsmauern mit Klöstern, Kirchen und Palästen ist ein wahrer Besuchermagnet – für diese wird in den schmalen Gässchen natürlich gut gesorgt.

◄ In der Altstadt kann man abends vortrefflich flanieren.

4 STADTMAUER-RUNDGANG

Dubrovnik verfügt über einen geschlossenen und komplett erhaltenen Befestigungsring von über 1940 m Länge, der die Möglichkeit eröffnet, die Stadt zu Fuß zu umrunden und viele der Sehenswürdigkeiten von oben zu betrachten. Der Befestigungsring stammt größtenteils aus dem 15. Jh.
Placa ulica 32 • www.walls ofdubrovnik.com • Eintritt 150 kn

1 FRANZISKANER-KLOSTER

Das mittelalterliche Gebäude stammt aus dem frühen 14. Jh. und beeindruckt nicht zuletzt durch seinen Kreuzgang mit den filigranen Doppelsäulen. Als der Gebäudekomplex 1667 durch ein Erdbeben schwer beschädigt wurde, baute man viele Teile davon, darunter die Kirche, im barocken Stil wieder auf. Aus alter Zeit erhalten ist noch das Südportal im spätgotischen Stil mit der eindrucksvollen Pieta von 1499 von den beiden Dubrovniker Handwerksmeistern.
In dem ans Kloster angrenzenden Museum ist neben sehenswerten Goldschmiedearbeiten und Gemälden eine originalgetreue Apotheke von 1317 ausgestellt.
Placa 2 • www.tzdubrovnik.hr • in der Saison tgl. 9–18 Uhr • Eintritt 30 kn

2 PLACA LUŽA

Am östlichen Ende der Placa, der Hauptstraße Dubrovniks, befindet sich der Luža-Platz mit dem 1444 erbauten und 31 m hohen Glockenturm, der das Wahrzeichen der Stadt ist. Hier steht auch die südlichste bekannte Roland-Säule, im Mittelalter das Symbol einer freien Handelsstadt.
Placa Luža

3 SEILBAHN AUF DEN SRĐ

Der Blick von hier oben ist grandios. Man blickt auf die Altstadt und die vorgelagerten Inseln, bei klarem Wetter sieht man bis zur Insel Mljet. Es gibt ein gemütliches Restaurant mit umwerfender Panoramaterrasse.
Žičara Dubrovnik • www. dubrovnikcablecar.com • Ticket: einfach 85 kn, hin und zurück: 140 kn

5 STRADUN

An beiden Flanken der berühmten Flaniermeile zwischen dem Pile-Tor und dem Luža-Platz liegen Cafés und Geschäfte. Das glatt geschliffene Straßenpflaster stammt noch aus dem 15. Jh. Die Hausfassaden längs der Placa wurden nach dem Erdbeben von 1667 einheitlich wieder aufgebaut.
Placa, zwischen Pile-Tor und Ploče-Tor

REKTORENPALAST
Der bedeutendste Profanbau der Stadt diente während der Dubrovniker Republik als Wohnung des Rektors und Sitz des Großen und Kleinen Rats. Michelozzi hat den Palast 1463 erneuert. Sehenswert sind der Innenhof, die barocke Treppe und das Stadtmuseum.
Pred Dvorom 1 • 9–17 Uhr • Eintritt 40 kn

6 ART HOUSE

Liebevoll eingerichtete kleine Zimmer, sehr zentral gelegen, von den Apartments überblickt man den Hauptplatz auf dem Stradun. Hauptsehenswürdigkeiten wie die Kathedrale von Dubrovnik oder das Franziskanerkloster sind nur ein paar Meter entfernt.

Kovačka 1 • www.art-house-dubrovnik.com • 3 Apartments

7 D'VINO WINE BAR

Über 60 Sorten, darunter viele erstklassige Weine kleiner kroatischer Weingüter, aber auch eine Vielzahl internationaler Weine lassen sich hier verkosten. Von 8 bis 12 Uhr wird Frühstück angeboten, ansonsten gibt es Antipasti, Käseplatten mit getrockneten Früchten, marinierte Oliven und einige Leckereien mehr.

Palmotićeva 4a • www.dvino. net • tgl. 10–24 Uhr

8 NISHTA

Erstes vegetarisches Restaurant Dubrovniks. Hier wird Genuss mit Gesundheit verbunden: Ausgewählte Zutaten werden zu geschmackvollen Klassikern der vegetarischen und veganen Küche, auch neue Kreationen, Rohkost und glutenfreie Gerichte werden in dem gemütlichen Restaurant angeboten.

Prijeko bb • www.nishta restaurant.com • Mo–Sa 11.30–22 Uhr

9 OTTO TAVERNA

In dem charmanten, 400 Jahre alten ehemaligen Bootshaus befindet sich eine gemütliche Taverne. Die Karte ist klein, doch alle Gerichte sind lecker. Die mediterran ausgerichtete Küche rundet eine Auswahl guter kroatischer Weine ab.

Nikole Tesle 8 • www.taverna otto.com • Reservierung empfohlen

10 RESTAURANT PANORAMA

An der Bergstation der Seilbahn auf den Srđ befindet sich dieses Restaurant mit Blick aus 400 m Höhe auf Dubrovniks Altstadt und zur Adria.

Srđ ul. 3 • www.nautika restaurants.com/panorama-restaurant-bar • Reservierung empfohlen

11 SOUL CAFFE & RAKHIJA BAR

Abseits des Trubels auf dem Stradun findet man in den Gässchen der Altstadt charmante Cafés – wie das Soul Caffe, wo es guten, frisch gemahlenen Kaffee gibt, dazu leckere Kuchen oder Sandwichs und am Abend auch Cocktails.

Uska ulica 5 • tgl. 8–1 Uhr

12 BIO AND BIO

Etwas außerhalb der Altstadt gelegen, gilt der Bioladen als Nummer eins der Stadt und bietet ein solides Lebensmittelsortiment. Hinzu kommen Naturkosmetika sowie Bücher.

Dubrovnik, Tommy Centar, Vukovarska 36 • So geschl.

ⓘ FREMDENVERKEHRSBÜRO
➤ Cvijete Zuzorić 1/II
➤ www.tzdubrovnik.hr
➤ www.visitdubrovnik.hr

Mediterrane Landschaft und gepflegte Weinkultur – Fahrradtour über die Insel Korčula (Band »Ab ins Grüne« Seite 102).

Athen 51

Die griechische Hauptstadt präsentiert sich dem Besucher als perfekter Gastgeber. Mit südländischer Herzlichkeit empfängt sie den Reisenden und bietet ihm weit mehr als Sonne, Sirtaki und Souflaki.

◄ Kein Treppenwitz, sondern gut besucht ist das Café Yiasemi.

einem »Leuchtturm« mit spektakulärem Blick. Das Zentrum ist Athens neues Wahrzeichen. Leoforos Andrea Syngrou 364 • kostenloser Shuttle vom Sýntagma-Platz. Fahrtzeit ca. 20 Min. • www.snfcc.org

5 ARCHÄOLOGISCHES NATIONALMUSEUM

Das Museum enthält die kostbarsten Sammlungen an Skulpturen und Keramik des archaischen, klassischen und hellenistischen Griechenland. Einzigartig ist der von Heinrich Schliemann ab dem Jahr 1876 auf dem Peloponnes ausgegrabene Goldschatz der Königsgräber von Mykene, der Masken, Becher, Schmuck, Kränze und Schwerter des 2. Jahrtausends v. Chr. umfasst. Eine der drei goldenen Totenmasken ist nach Schliemann die des mykenischen Königs Agamemnon (ca. 1550 v. Chr.). Patission 44 • U-Bahn: Victoria • www.namuseum.gr • Mo 13–20, Di–So 8–20 Uhr • Eintritt 10 €

1 AKROPOLIS UND AKROPOLIS-MUSEUM

Athens Akropolis mit Propyläen, Nike-Tempel, Parthenon-Tempel und Erechtheion war noch bis ins 19. Jh. besiedelt. Akropolis • U-Bahn: Akropoli • www.theacropolismuseum.gr • tgl. 8–20 Uhr • Eintritt 20 € • Museum: Dionysios Aeropagitou 15 • U-Bahn: Akropoli • www.theacropolismuseum.gr • April–Okt. Mo 8–16, Di–Do, Sa, So 8–20, Fr 8–22, Nov.–März Mo–Do 9–17, Fr 9–22, Sa, So 9–20 Uhr • Eintritt 5 €

2 PLAKA

Athens ältester Stadtteil ist unzweifelhaft einer der interessantesten. Viele Souvenirlädchen, kleine Boutiquen und gemütliche Cafés sowie Straßenkünstler an jeder Ecke und autofreie Gassen, in denen man schön bummeln kann. Direkt unterhalb der Akropolis

3 LYCABETTUS (LIKAVITTÓS)

277 m hoch ist Athens Hausberg. Nach oben kommt man zu Fuß oder per Seilbahn. Von der orthodoxen Georgskapelle bietet sich ein überwältigender Blick bis zum Hafen Piräus. Standseilbahn: Aristippou 1 • Hin- und Rückfahrt 7,50 €

4 KULTURZENTRUM DER STÁVROS-NIÁRCHOS-STIFTUNG

Architekt Renzo Piano schuf eine moderne kulturelle Akropolis. Ein 400 m langes Bassin führt den Besucher zur »Agorá«, rechterhand die Nationalbibliothek, links das neue Haus der Staatsoper. Ein riesiger Dachgarten erstreckt sich auf 17 ha mit Labyrinth, Klang- und Spielgärten, Wasserfontänen, Sport- und Spielplatz. Der Aufstieg über das Garten-Plateau gipfelt in

DIE ZEIT

CAFÉ BLE PAPAGALOS

»Im Café Ble Papagalos kommen Touristen und Einheimische zusammen – unter den kleinen Bäumen auf dem Vorplatz kann man im Schatten wunderbar einen Freddo Cappuccino genießen und das Treiben beobachten. Herrlich!« Leonidou 31 • U-Bahn: Metaxourgeio • So–Do 9–2 Fr, Sa 9–3 Uhr

6 ACROPOLIS HILL

Das elegante Design-Hotel besticht durch seine außergewöhnliche Lage zugleich im Grünen und in unmittelbarer Nähe zur Akropolis und allen wichtigen Sehenswürdigkeiten. Ein kleiner Außenpool lädt zum Entspannen ein. Ausgezeichnetes Preis-Leistungs-Verhältnis.

Mouson 7 • www.acropolishill. gr • 37 Zimmer

7 CAFÉ YIASEMI

Drinnen gemütlich mit offener Feuerstelle, draußen ist es ein veritables Treppencafé – mehr Athen geht kaum, hier am Fuß der Akropolis. Man hockt leger auf Stufen, Tische gibt es, wo die Treppe Absätze macht. Ein prima Ort, um mit Kaffee oder Wein dem Athener Treiben bis tief in die Nacht beizuwohnen.

Mnisikléous 23 • www.yiasemi. gr • tgl. 10–3 Uhr

8 RESTAURANT COOKOOVAYA

Eine Eule (Cookoovaya) sollte man nicht ins weise Athen tragen, aber dieses Restaurant besuchen, das Gäste aus nah und fern durch die Qualität seiner (offenen) Küche überzeugt. Die hauseigenen Weine (Assyrtiko, Malagousia, Syrah Rosé, Merlot) passen perfekt.

Chatzigianni Mexi 2a • www. cookoovaya.gr • tgl. 13–1 Uhr

9 RESTAURANT OIKEIO

Im Oikeio (ausgesprochen Ikío) wird eine traditionelle griechische Küche gehobener Qualität serviert. Das charmante Restaurant in einer ruhigen Nebenstraße ist auch bei Athenern sehr beliebt. Alle Gerichte werden aus frischen, hochwertigen Produkten der Region zubereitet, verwendet wird außerdem Bioolivenöl.

Es gibt auch Tische im Außenbereich, eine Reservierung ist zu empfehlen.

Ploutarchou 15 • Mo–Do 12.30–24, Fr, Sa 12.30–1, So 12.30–18 Uhr

10 TAILOR MADE

Direkt am Agias-Irinis-Platz, mitten in einem der beliebtesten Viertel Athens, liegt dieses viel besuchte Lokal. Tagsüber ein Café mit exzellenter Auswahl an Kaffeesorten, mutiert es abends in eine Bar mit Drinks aller Art.

Plateia Agias Eirinis 2 • Mo–Do 8–2, Fr, Sa 8–4, So 9–2 Uhr

11 FLOHMARKT AM MONASTIRÁKI-PLATZ

Ein Bummel durch das Viertel lohnt sich immer, besonders sonntags, wenn fliegende Händler ihre Stände aufgebaut haben: Zwischen Kitsch und Souvenirs findet sich häufig manch ausgefallenes Stück.

Rund um den Monastiráki-Platz • So vormittags

(i) GRIECHISCHE ZENTRALE FÜR FREMDENVERKEHR

➤ Dionysiou Areopagitou 18–20 • Mo–Fr 9–20 (Winter 9–19), Sa, So 10–16 Uhr
➤ www.visitgreece.gr

Nur 5 km von Athen entfernt, aber eine andere Welt – Spaziergang auf dem Hymettós rund um das Kloster Kaisarianí (Band »Ab ins Grüne« Seite 104).

Istanbul 52

Zwischen zwei Kontinenten gelegen, birgt Istanbul viele Schätze der Vergangenheit. Auch immer lohnt sich ein Bummel durch die Gassen und Bazare. Weltberühmt ist die türkische Küche.

◄ Das Sultanahmet Köftecisi Selim Usta trägt die Profession im Namen.

1 BASARE

Ein Einkaufserlebnis bieten die alten Basare, allen voran der Gedeckte Basar (Kapalı Çarşı) mit gut 3000 Läden. Im Ägyptischen Basar (Mısır Çarşısı) werden Gewürze, Früchte, Schinken, Lokum und Käse verkauft. Das Feilschen gehört dazu.

Gedeckter Basar • Straßenbahn: Beyazıt • Mo–Sa 9–18 Uhr • Ägyptischer Basar • Verkehrsknotenpunkt Eminönü • tgl. 9–18 Uhr

2 CHORA-KIRCHE

Die dreischiffige, überkuppelte Basilika mit Grabkapelle, 1316–1321 erbaut, ist mit exzellenten Stücken byzantinischer Fresko- und Mosaikkunst geschmückt. Nehmen Sie sich Zeit für die Zyklen an den Wänden und in den Kuppeln. Im Nebenschiff, dem sogenannten Parekklesion, ist vor allem das Apsisfresko se-henswert. Von den osmanischen Anbauten ist bis auf das Minarett und das Mausoleum nichts erhalten.

Kariye Camii Sk. • an der Dolmuş-Linie von Vezneciler • Do–Di 9–16.30, im Sommer 9–19 Uhr • Eintritt 15 TL

3 GALATATURM

Der Turm, einst das Nordende der mittelalterlichen genuesischen Siedlung, stammt aus der Mitte des 14. Jh. Der Teil oberhalb der fünften Etage scheint jedoch osmanischen Ursprungs zu sein. Einst Gefängnis und Feuerturm, ist er heute einer der besten Aussichtsplätze der Stadt.

Galata Kulesi • Straßenbahn: Tünel • Aussichtsplattform: 9–19.30 Uhr • Fahrstuhl 12 TL

4 HAGIA SOPHIA

Schon Konstantin der Große hatte hier eine Kirche erbauen lassen, doch der heutige Bau stammt größtenteils aus der Zeit Justinians I. Nach der Eroberung Konstantinopels durch Ritter des 4. Kreuzzugs war er Sitz eines papsttreuen Patriarchen. Nach der osmanischen Eroberung 1453 wurde er zur Hauptmoschee Istanbuls.

Ayasofya Meydanı • Straßenbahn: Sultanahmet • www.ayasofyamuzesi.gov.tr • Mi–Mo 9–17, April–Okt. 9–19 Uhr • Eintritt 25 TL

5 TOPKAPI-PALAST

Als Mehmed II. 1453 Konstantinopel eroberte, errichtete er u. a. den »Neuen Palast«, heute Topkapı Sarayı. Zur Zeit Süleymans des Prächtigen wurde er Wohnsitz des Großherrn. Unbezahlbare Schätze beherbergt die fast 70 ha große Anlage.

Topkapı Sarayı • Straßenbahn: Sultanahme • www.topkapisarayi.gov.tr • Mi–Mo 9–17, April–Okt. 9–19 Uhr • Eintritt 25 TL, Harem und Schatzkammer je 15 TL

DIE ZEIT

CAĞALOĞLU HAMAMI

»Dieses Hamam sieht zwar sehr touristisch aus, ist aber wirklich empfehlenswert: Über dem warmen Stein in diesem Bad wölbt sich eine wunderschöne Sternenkuppel!«

Cağaloğlu Hamamı Sk. 24 • www.cagaloglhamami.com.tr • tgl. 8–21 Uhr

6 GRAND HOTEL DE LONDRES 🛏

Charmant-nostalgisches Hotel von 1892, bekannt aus Fatih Akıns »Crossing the Bridge«. Es befindet sich mitten im lebhaften Stadtteil Beyoglu und war eine der beliebtesten Anlaufstellen der ersten Reisenden des Orient-Express, als dieser erstmals im 19. Jh. Istanbul anlief. Auf der Dachterrasse sitzt man hoch über der Stadt mit Blick auf das Goldene Horn.
Meşrutiyet Caddesi 53 • www.londrahotel.net • 54 Zimmer

7 EDEBIYAT KIRAATHANESI HAFIZ MUSTAFA 🍴

Süßes ohne Ende: Lokum, feinste Törtchen, Baklava, verschiedene Puddingsorten, Konfekt – ein Traum für alle Liebhaber türkischer Süßigkeiten. Das Geschäft ist in einem schönen historischen Gebäude mit einer eleganten Teestube untergebracht.
Divanyolu Caddesi 14 • www.hafizmustafa.com

8 KARAKÖY LOKANTASI 🍴

Höhepunkte sorgfältiger Kochkunst erlebt man gleich in der Hafengegend von Karaköy in stilvoll mit türkiser Wandkeramik dekorierten Räumen.
Kemankeş Caddesi 37 A • Mo–Sa 12–16, 18–24, So 14–24 Uhr • www.karakoy lokantasi.com

9 KURUKAHVECI MEHMET EFENDI 🍴

Händler türkischen Kaffees seit 1871 – der Kaffee ist einer der besten der Stadt. Serviert wird er frisch geröstet, gemahlen und gerade aufgebrüht.
Tahmis Sokak 66 • www.mehmetefendi.com • tgl. 8–19.30 Uhr

10 SULTANAHMET KÖFTECISI SELIM USTA 🍴

Das Lokal besteht schon seit 1920 am Sultanahmet-Platz. Es ist immer gut besucht, sowohl von Einheimischen wie von Urlaubern. Die Gäste schwärmen, dass es hier die besten Köfte in Istanbul gibt. Unweit der Hagia Sophia und des Topkapı-Museums, eignet sich das Restaurant für den Lunch zwischendurch. Der Service ist schnell und freundlich.
Divan Yolu Caddesi 12 • www.sultanahmetkoftesi.com • tgl. 10.30–22.30, Fr–So 10.30–23.15 Uhr

11 BEŞIKTAŞ EKOLOJIK KIRK AMBAR 🛍

Der Basar von Beşiktaş mit seinem futuristischen Fischmarkt und der Adlerstatue lohnt einen Besuch. Hier befindet sich auch dieses wohlsortierte Geschäft, in dem man neben Lebensmitteln auch ökologische Kosmetik findet. Zu empfehlen sind die Marmeladen und der Sirup
Köyiçi Cad. Kazan Sk. Gürün Pasajı 9 • Mo–Sa 8–20 Uhr

ⓘ TOURIST INFORMATION

➤ Sultanahmet Mey.
➤ Sirkeci Gari (im Bahnhof)
➤ www.istanbul.net.tr

📷 *Mit dem Schiff am Ufer entlang bis ans Schwarze Meer – eine Fahrt auf dem Bosporus (Band »Ab ins Grüne« Seite 106).*

NOTIZEN

BILD- UND AUTORENNACHWEIS

FOTOGRAFEN

Bilder Umschlag vorn oben: Shutterstock.com: S.Borisov; vorn unten (von links nach rechts): Shutterstock.com: Ekaterina Pokrovsk, Shutterstock.com: Victor Grow, Shutterstock.com: Martin Lehmann

Innen: S. 4 laif: Karl-Heinz Raach; S. 6 Shutterstock.com: Nataliya Hora; S. 8 laif: Jean-Michel COUREAU/EXPLORER; S. 10 mauritius images: Cary Clarke/Alamy; S. 12 laif: Ludovic Maisant/hemis.fr; S. 14 laif: Miquel Gonzalez; S. 16 seasons.agency: Gerald Hänel/GARP; S. 20 laif: Suse Multhaupt; S. 22 Mikkeler Bar; S. 24 Corbis: Jon Hicks; S. 26 H.Finer; S. 28 Seasons Agency: GourmetPicture-Guide; S. 30 STEPHANE FRANCES; S. 32 Jahreszeiten Verlag: Klaus Bossemeyer; S. 36 Seasons Agency: Jalag/Walter Schmitz; S. 38 look-foto: Sabine Lubenow; S. 40 Seasons Agency: Gourmet-PictureGuide; S. 42 mauritius images: Rainer Hackenberg ; S. 44 mauritius images: Novarc/Christian Reister; S. 46 HUBER IMAGES: Sandra Raccanello; S. 48 laif: Peter Hirth; S. 50 Seasons Agency: GourmetPictureGuide; S. 52 laif: Rene Mattes/hemis.fr; S. 54 Seasons Agency: GourmetPictureGuide; S. 56 Seasons Agency: Jalag/ Gregor Lengler ; S. 58 laif: Rois & Stubenrauch; S. 60 mauritius images: YankeePhotography/Alamy; S. 62 Glow Images; S. 64 laif: Malte Jaeger; S. 66 HUBER IMAGES: Massimo Borchi; S. 68 Restaurant Spajza; S. 72 Shutterstock.com: Petr Kovalenkov; S. 74 laif: Ludovic Maisant/hemis.fr; S. 76 Seasons Agency: Gräfe & Unzer Verlag/Jörn Rynio; S. 78 laif: Jens Schwarz; S. 80 Seasons Agency: Jalag/Thomas Elmenhorst; S. 82 mauritius images: Atlantico Press/Alamy; S. 84 laif: Bertrand Gardel/hemis.fr; S. 86 Seasons Agency: Jalag/Lukas Spörl; S. 88 Seasons Agency: GourmetPictureGuide; S. 90 Seasons Agency: Jalag/Andrea Di Lorenzo; S. 94 Jahreszeiten Verlag: Christina Körte; S. 96 laif: Celentano; S. 98 Jahreszeiten Verlag: Christina Körte; S. 100 look-foto: Sabine Bungert; S. 102 mauritius images: imageBROKER/Otto Stadler; S. 104 Seasons Agency: Jalag/Andrea Di Lorenzo; S. 106 Shutterstock.com: Littleaom; S. 108 Level 22; S. 110 mauritius images: imageBROKER/Siegfried Kuttig; S. 112 Shutterstock.com: Anastasios71; S. 114 Seasons Agency: Gräfe & Unzer Verlag/Uwe Tölle

AUTOREN

Aileen Tiedemann, Andrea Lammert, Andreas Drouve, Anett Kollmann, Anne Rübesamen, Annette Birschel, Annette Rübesamen, Barbara Baumgartner, Barbara Woinke, Bärbel Nückles, Beate Kirchner, Beate Kuhn Delestre, Bernd Volland, Bernd Wurlitzer, Birgit Müller-Wöbcke, Charlotta Rüegger, Christian Eder, Christian Sywottek, Christiane Baumeister, Christine Rettenmeier, Christoph Driessen, Christoph K. Neumann, Daniela Schetar, David Ensikat, Dorothee Fleischmann, E. Katja Jaeckel, Elisabeth Katalin Grabow, Elke Homburg, Erich Ryffenegger, Eugen E. Hüslar, Eva Gerberding, Eva-Maria Kallinger, Friederike Kaiser, Georg Cadeggianini, Georg Weindl, Gerald Penzl, Gisela Buddée, Greta Galiard, Gunnar Habitz, Hans Eckart Rübesamen, Harald Klöcker, Heidede Carstensen, Heidrun Reinhard, Heiner Labonde, Helke Homburg, Henner Kotte, Holger Wolandt, Inka Schmeling, Isabel Gónzález Alegría, Izabella Gawin, Jan Scherping, Jenny John, Jessica Kühn-Velten, Jonas Morgenthaler, Julia Macher, Kalle Harberg, Katja Wündrich, Kerstin Schweighöfer, Kerstin Sucher, Klaus Bötig, Kristof Magnusson, Maik Brandenburg, Manfred Wöbcke, Margarete Botzian, Marina Bohlmann-Modersohn, Mathias Heinzle, Mathis Mesenhöller, Max Fleschhut, Michael Baumgartner, Michael Schwelien, Monika Baumüller, Monika Pelz, Nicola de Paoli, Niklaus Schmid, Nikolas Nützel, Nina Wacker, Norbert Lewandowski, Oliver Fischer, Pablo Santiago Chiquero, Peer Pierrot, Peter Dorsch, Ralf Johnen, Ralf Nestmeyer, Ralf Sotschek, Renate Nöldeke, Roland Mischke, Rüdiger Tschacher, Sascha Borrée, Simone Klein, Sonja Still, Stefanie Bisping, Suanne Lipps, Sünje Carstensen, Susanna Bloß, Susanne Asal, Susanne Wess, Thomas Borchert, Thomas Büser, Thomas Migge, Thomas Veszeltis, Tibor Ridegh, Veronika Renkenberger, Volker Knopf, Walter M. Weiss, Wolfgang Rössig, Wolfhart Berg, Wolftraud de Concini

IMPRESSUM

Die ZEIT-Edition »Europa neu erleben – 52 inspirierende Kurzreisen« wird herausgegeben vom Zeitverlag Gerd Bucerius GmbH & Co. KG,
Buceriusstraße, Eingang Speersort 1, 20095 Hamburg.

KONZEPT ZEIT-EDITION / ZEIT-REISETIPPS:

Dieser Band ist Teil des Gesamtwerkes › Europa neu erleben – 52 inspirierende Kurzreisen«.

ISBN 978-3-946456-49-0

Umschlagsgestaltung: Anja Kallendorf (DIE ZEIT)

Projektentwicklung, Layout Innenseiten, Satz, Redaktion und Produktion:
bookwise GmbH, München

Printed in Slovakia

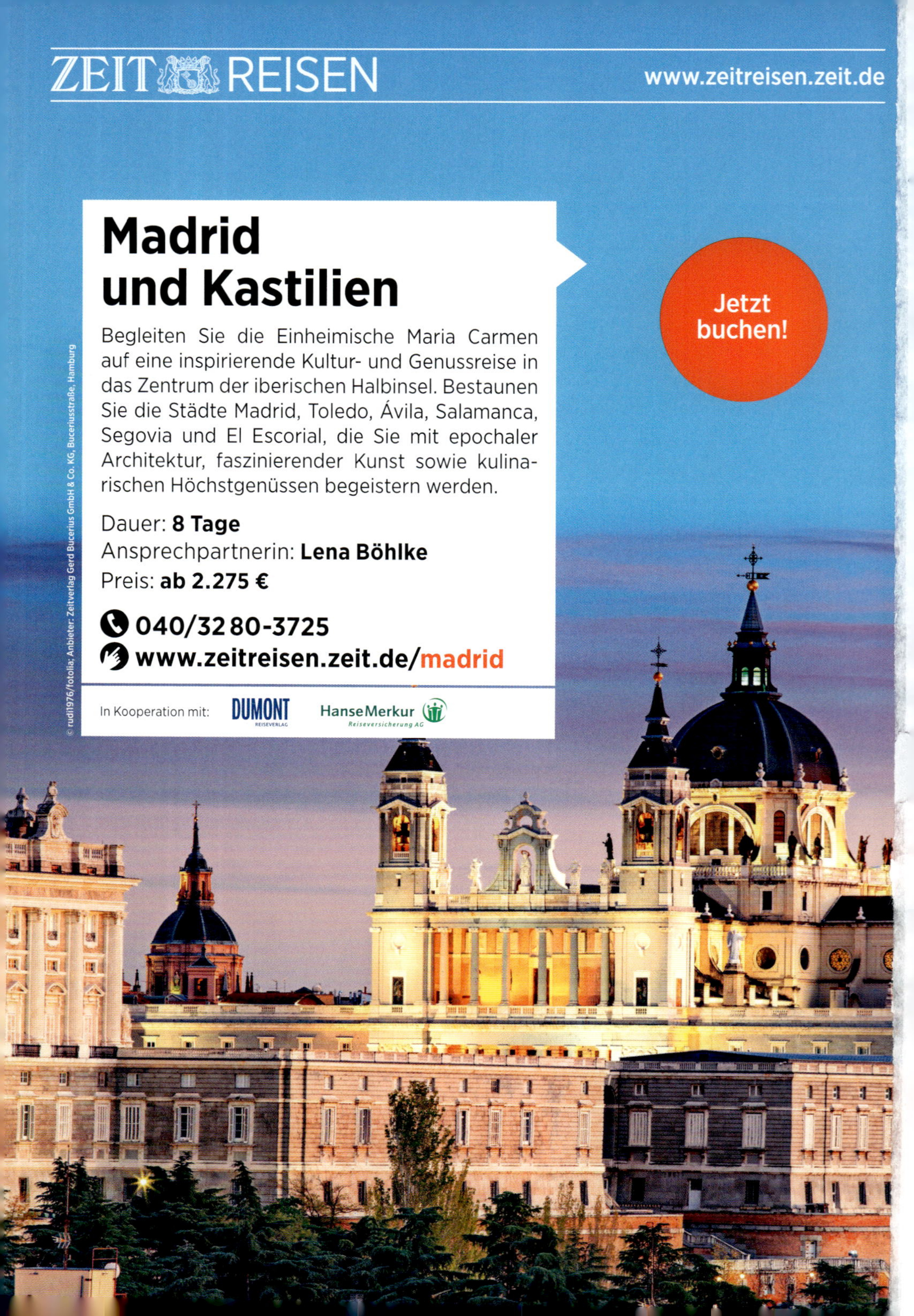
ZEIT REISEN
www.zeitreisen.zeit.de
Madrid und Kastilien
Begleiten Sie die Einheimische Maria Carmen auf eine inspirierende Kultur- und Genussreise in das Zentrum der iberischen Halbinsel. Bestaunen Sie die Städte Madrid, Toledo, Ávila, Salamanca, Segovia und El Escorial, die Sie mit epochaler Architektur, faszinierender Kunst sowie kulinarischen Höchstgenüssen begeistern werden.
Dauer: 8 Tage
Ansprechpartnerin: Lena Böhlke
Preis: ab 2.275 €
040/32 80-3725
www.zeitreisen.zeit.de/madrid
In Kooperation mit: DUMONT REISEVERLAG HanseMerkur Reiseversicherung AG
Jetzt buchen!
© rudi1976/fotolia; Anbieter: Zeitverlag Gerd Bucerius GmbH & Co. KG, Buceriusstraße, Hamburg

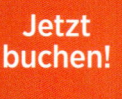

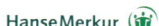